大是文化

為父母翻譯青春期子女的心情

當孩子嗆：別管我、你好吵、很煩耶！他內心到底想跟你說什麼？

韓國最強青少年心情翻譯師
精神健康醫學系臨床教授
金鉉洙 著　**陳宜慧** 譯

사춘기 마음을 통역해 드립니다

Contents

第2章 在家是主角，在校卻被當臨演……053

第3章 壞掉的鋼鐵人與不受控的蜘蛛人……099

第4章 大人不僅不厲害，還非常差勁……133

第5章 沒有人可以分享心裡話的孤獨世代……169

第6章 孩子們想對父母說的話！

推薦序一

讓愛不在世代間迷路

——二〇二四博客來上半年親子類銷售第一、第八、第十名作家／尚瑞君

現在的孩子說話喜歡用縮語，各位爸媽們都知道孩子說的話是什麼意思嗎？

進入青春期後，因外表改變、課業繁重、情緒多樣、人際關係變得複雜，以及各種自身內、外在的衝突，孩子跟父母世代總顯得格格不入，讓青春期有太多的不美麗。既回不去童稚時的純真，又還沒有成熟穩重的大人樣，青春期真的是進退失據！

你知道，**現代青少年最難熬的是什麼嗎？是「孤獨感」**。

青春期是發展自我與人際的重要時期，這些事情並不能靠父母來填補。如果家庭教育只會要求孩子照表操課，卻沒有實施傾聽和反思的情緒教育，將會導致孩子的內心逐漸變得空虛，產生本書提到的「看似正常的疾病」。

家長不懂孩子的心，就很難真正幫助到他們。

本書作者金鉉洙，是獲得「青少年心情翻譯師」稱號的專家，他希望透過本書，可以讓爸媽理解孩子們的孤獨，把青春期變成美好的回憶。

我相信，透過多一點理解與彈性，會讓孩子感受到，即便在青春期有重重挑戰，也會因為**父母的支持、信任與祝福，化成守護孩子安心成長的養分，減少青春風暴，為親子關係增添更多的美好。**

要怎麼做才能讓親子在青春期這條路上多一些互信互諒，少一些猜疑與誤解？讓我們從真實的案例，來理解青春期孩子的感受和觀點。

在家是主角，但有些公主、王子在學校卻不被老師認得，而像個臨時演員般不起眼，這種角色上的落差與衝突，父母能理解嗎？

當看見「把青春期變成美好的回憶」這句話時，其實我的內心有著波瀾驟起的感動，因為青春期不是短短幾天或幾個月，而是要延續好幾年。

「幫助孩子擁有做得到的勇氣」以及「協助孩子相信自己」，是給孩子的鼓勵。畢竟在現代，大多數的孩子不愁吃穿，不會為了溫飽而努力，但需要有發展自我、連結社會的意願和動力。

青春期的孩子對自己其實是很陌生的，讓孩子先接納與喜愛自己，進入新的成長階段，從而學著了解與管理自己的身體，這是讓孩子穩定身心的第一步。

「父母應該成為孩子的情緒垃圾桶」，不要懷疑，當孩子發現可以跟爸媽傾訴想法與情緒時，就能幫助孩子整理與釐清內、外在的界線。我知道很難，所以一起來看書練功吧！讓愛不在世代間迷路。

推薦序二

青少年的孤單危機，家長們看見了嗎？

——諮商心理師、暢銷作家、現任臺灣ＮＬＰ學會副理事長／陳志恆

隨著時代變遷，孤獨感正瀰漫在生活周遭，並逐漸入侵現今青少年的體內。明明應該忙得不可開交的青少年，卻高呼「好無聊！」的時候，並非他沒事可做，他真正想說的是：「我好寂寞！」

孤單、寂寞是什麼心情，你應該不陌生。這背後的心理機制，是缺乏有意義的關係連結，歸屬感的需求未被充分滿足。

不論是在學校或是補習班，青少年看似朋友很多，私底下卻仍感到寂寞。那是因為這些關係連結並非有意義或深刻的，無法安全的與對方交換心事，更擔心好友突然間被搶走，自己終將孤單一人。

青少年轉而到社群媒體上取暖，但問題只會更糟。在螢幕前瀏覽他人光鮮亮麗的動態時，內心升起一股自卑又煩躁的心情。就算青少年在網路上深受歡迎，也會為了少幾個按讚數、是否持續被喜愛等事，內心糾結煩惱不已。

本書作者金鉉洙，是韓國青少年諮商專家。他一針見血的剖析，青少年的孤單危機始於小家庭裡缺乏手足。大多數的孩子都是獨生子女，父母若太過忙碌而沒能讓孩子感覺到溫暖或支持，孩子也沒有兄弟姊妹可以對話或分享煩惱；當在家感到寂寞時，自然會拿著手機滑呀滑，和同儕有一搭、沒一搭的傳著訊息。

我認為，本書作者的觀察及剖析，也適用於當前的臺灣社會。

在此同時，獨生子女不只是小家庭中唯一的孩子，更可能是全家族中唯一的孩子。一方面，集三千寵愛於一身；另一方面，所有的目光與期待全放在這個孩子身上。

書中提到一個案例，有個青少年說他能充分感受到，父母兩邊的長輩及親戚對他疼愛有加，同時期待甚高；而他從小到大得不斷在長輩面前交代自己所學，他說：「我就像開了十年的獨奏會一樣。」

光用想像，就覺得好辛苦。但有許多青少年的現況，正是如此。

作者提醒父母，對青少年而言，大人的期待是沉重的負擔。然而，反過來，家長們也很不好受，得忍受青少年的高傲固執、相應不理、陰陽怪氣及暴怒衝動。

我常被來諮商的家長們問到：「我的孩子上國中以後，就變了一個人，他到底在想些什麼呢？」我必須充當翻譯，為青少年說出難以表達或不想說出口的內心話，幫助這些父母理解孩子的內在世界，進而調整教養策略與期待。

而本書也扮演這種橋梁。從綜觀或微觀的角度，引導父母真正理解青少年的心理狀態與需求，進一步調整身為家長的心態與做法。

老實說，青春期這道關卡，父母比孩子還更難熬。但如果我們沒能陪著孩子一同長大，或是不願承認青春期的孩子正準備離父母而去，只會過度干涉孩子的人生，接下來，要不是養出個媽寶（或爸寶），就是在親子對立衝突中消磨彼此的人生。

前言
為父母翻譯青春期子女的心情

前來看診的青少年，最常訴說的煩惱就是「孤獨」。他們認為，沒有人站在自己這邊，也覺得很難交到朋友，這情況在疫情期間達到高峰，並持續至今。

其中，有個孩子告訴我一則值得深思的故事。他沒有兄弟姊妹，常覺得孤獨，所以對爸媽說「我寂寞得快要瘋了」，但媽媽卻一邊整理客廳，一邊用令人心寒的語氣回答：「你居然閒到可以想這些有的沒的！要不要幫你再多報一個補習課程？」

他頂嘴道：「我說我很孤單，妳幹麼跟我扯補習班的事！」媽媽則說：「真不像話！你的時間很寶貴，有很多事要做，居然還跟我抱怨寂寞！你看看我，你知道我跟你聊天的同時在幹麼嗎？我在打掃！你知道我為了不浪費時間，付出多少努力嗎？」

孩子露出無奈的表情表示：「我媽不認為孤單是個問題，因為她似乎不懂什麼是孤獨。」他說，這是他第一次受到衝擊。

後來，某個週末早晨，媽媽跟他說：「我記得你之前說你很寂寞，所以假日時爸媽會陪你玩，看你想玩什麼？」孩子受到第二次更大的衝擊。

「我說我孤單，妳居然覺得陪玩就能解決？」媽媽卻回答：「買好吃的食物、好看的衣服給你，你的心情就會變好，況且全家人聚在一起，孤單的感覺不就消失了嗎？」

青少年覺得，比起即將進入更年期的媽媽，朋友更能安慰自己，然而他們大都覺得麻煩、說不出口，最終選擇悶在心裡。

家長們往往無法理解子女的心情。在和大人諮商時，我通常會以「最近的孩子都這樣」，盡可能先讓他們安心，並盡力讓彼此能相互理解。

父母不能理解孩子的孤獨，孩子無法諒解父母沒有時間，親子間的衝突和不信任變得越來越多，因此我才想居中調解，好好幫雙方翻譯。

大人們常說，很難和青春期子女溝通，青少年則反映無法和更年期的爸媽對話，我所做的是搭起他們心靈、對話及和平之橋。

親子之間的溝通本來就很難，在疫情期間，這樣的關係變得更加劍拔弩張。事實上，在這個時代，不只是親子，就連人際經營也變得困難。

近年來，青少年的諮商需求大幅增加，相關門診也越來越多。那麼，究竟什麼樣的主題最常被提起？

我在門診最常遇到的是人際關係和孤單。他們之所以與父母、朋友和老師等產生問題，我想應該是由於疫情期間，難以直接面對面與人相處的緣故。

我從父母的角度來看青春期孩子的徬徨或叛逆問題，他們在家中沒有能對話的手足，也不怎麼喜歡和父母說話，可以互動的朋友及親戚也明顯減少，智慧型手機成為他們最好的朋友。疫情使他們痛苦的感受倍增，進而引發校園暴力、繭居、自我放棄和無力感、憂鬱症、自殘及自殺……這些悲鳴不斷從學校和社區等地湧出。

我認為，孤單是孩子痛苦的主因，也是青春期憂鬱、叛逆、行為偏差的根源，因此我想藉由本書更深入說明他們的孤獨感。

現在的孩子比想像的還要孤寂，身為大人的我們，有義務理解並好好照顧他們。

這本書整理我在各大演講中說過的故事，並以之前出版的《中二病[1]的祕密》為基礎，擴充更豐富的內容。我做了許多努力去理解青春期小孩，並開發出各種幫助親子和睦相處的實質性方案。

希望本書能讓更多父母、老師了解到該如何協助青少年，也期待能搭起親子之間的心靈橋梁，修復破裂的關係，讓互不理解的心得到同理。

青春期，意味離別

進入青春期，孩子開始與父母分離。

對小孩來說，青春期是告別童年的幻想，以及和爸媽撒嬌的親密關係，並接受不會再有人因自己的天真可愛而喜歡自己的時期。大人也必須經歷離別，與子女相比，有時可能還更難接受。

在與孩子漸行漸遠的過程中，很多家長心裡會想：「這不是我的小孩！」、「白養這孩子了！」像這樣，打上「中二病」、「青春期最難搞」的烙印，只會讓他們的負擔更重。

現代小孩的青春期比過去我們所經歷的更難熬，這是整個社會所造成的。流行語

「中二病」，代表孩子們的寂寞，而突如其來的情緒，和莫名其妙的虛張聲勢背後，則是孤單帶來的恐懼。光看青少年最想要的禮物是手機和寵物，就能得知他們有多寂寞。

獨生子女的孤單；手足太多，被父母忽視的落寞；被過度保護，不可以去單獨旅行、冒險，所以人生沒有回憶的內在孤寂；在學校裡沒朋友，只有群體的孤立；需要幫助時，沒有大人伸出援手的孤獨……。

孩子離開爸媽後，必須踏上內、外在探索旅途，然而，與之相伴的只有網路、智慧型手機和考試，所以他們正在用身心的吶喊來表達孤單。再這樣下去，得不到幫助的小孩將會變得無力、粗暴，甚至放棄寶貴的生命。

父母世代歷經經濟起飛、白手起家，因此也要求現在青少年至少能在情緒上獨立自主。**青春期孩子的各種叛逆行為，都只為了傳達一個訊息，那就是希望大人們能培養他們處理寂寞的能力**，並一同打造給予鼓勵和協助的社會。

1 編按：意指一些中學生在青春期出現的特殊行為與想法。

第 1 章

十個大人、一個孩子的孤單

01 中二的他，大腦像發育不全的爬蟲類

疫情過後，以「與青春期子女溝通」為主題的演講邀約突然倍增。在開始演說前，我都會先問參加者有什麼煩惱，以及為何會想來聽演講。以下是幾位聽眾的故事：

「我家有個男國中生，不久前，我在聚會上聽到一個有趣又悲傷的故事。某個與會者介紹自己的家人時，表示他們是生活在一起的兩個人類和一隻爬行動物。他說，孩子雖然接受了教育，但國中生的前額葉似乎還無法正常運作，所以他們就當自己是和一隻頭腦不發達的爬蟲類一起生活，並告訴自己，直到牠的大腦發育成熟為止，盡量不要接觸牠。」

「我是女國中生的媽媽，大家都說養兒子比較累，其實養女兒也很辛苦，她真的敏感到不行，要不是她是我女兒，我真想天天打她。她每天使用手機通訊軟體到凌晨，我真的快被氣瘋了！」

「我也是家裡有男國中生的爸爸。唉，這孩子不像我，我很會社交、個性爽朗、朋友也多，但我兒子卻不愛出門、沒朋友，還很悶騷。每次邀他出門運動都不耐煩，明明處在應該要熱血沸騰的年紀，他卻一點活力也沒有。」

「我家有個國中二年級的孩子，即使升上國二，他還是沒什麼自覺，把學習晾在一邊。某天成績下降，他也只是雙手一攤。我訓斥他，也只是想要幫他，然而他卻生氣的頂撞我，難道真的沒其他辦法了嗎？」

「嗯，我的孩子沒什麼問題，我本來覺得讓他自由發展就好，但他現在一有空就玩線上遊戲，我真的很擔心，因為他玩遊戲的時間變得越來越長，也越來越固執。」

「其實，是我妻子說要來聽演講，所以我才勉強跟著一起來。我認為，所有的問題和社會亂象就是缺乏意志力。現在的小孩怎麼變得這麼懦弱，真是糟糕。這年頭有什麼好辛苦的？明明累的都是父母，他們有什麼好喊累的？我覺得我們需要更強而有力的措施，尤其是恢復體罰，孩子也應該在嚴格的紀律下，重新學習新習慣。」

其中，也有煩惱程度更為嚴重的父母：

「我孩子的情況比其他人糟糕。國二暑假過後，他完全變了樣，穿拖鞋上學、回家就鎖門，甚至不接電話⋯⋯。給他零用錢，卻總說不夠花，甚至還會抽菸，我完全不知道該怎麼跟他溝通，他也從不收拾自慰後留下的衛生紙。和爸爸吵架後，他就不再和我們說話。每次他一回家我就提心吊膽，生怕會發生什麼衝突。之前他爸爸在吵架時叫他滾出去，他居然直接離家出走，到半夜才回來，我的膽都快被嚇破了。」

「明明是從我肚子裡出來的小孩，怎麼會變成這樣？我有時甚至會懷疑她是不是我親生的。即使她是女孩，但也太小就開始化妝，手機裡儲存的男性朋友電話和女性朋友一樣多。即使她的成績沒有太差，卻因加入偶像粉絲俱樂部的事搞得心神不寧。她想成為藝人，所以一放假就不斷談整形、長高的藥等，我真的不知道該怎麼辦。」

以上故事是否有引起你的共鳴？家有青春期子女的父母，雖然各有煩惱，但似乎大同小異。

我經常演講的主題不外乎是：「現在的孩子很辛苦嗎？會比我們成長的時代更累嗎？」我想，這是非常主觀的比較問題。

「大家覺得如何？是我們比較艱辛？還是現代小孩更苦？」

每當我問這類問題時，除了部分父親（通常這樣的爸爸會被現場的多數媽媽白眼，並被批評不了解子女）之外，越來越多聽眾覺得現在的孩子更辛苦，當我詢問其理由，大家的回答都各不相同。

「因為競爭變激烈了。」、「由於我們夫妻倆都要工作，所以照顧小孩的時間變少。」、「學校的環境不如以往，有孤立和霸凌問題，因此孩子好像很辛苦。」、「由於沒有兄弟姊妹，因此太寂寞和無聊。青少年哪裡會想和父母對話。」

我們都被籠罩在充滿未知的巨大社會漩渦之中，不論大人、小孩都過著艱難的生活，但父母都害怕從這股漩渦中逃脫，因為集體文化正在用巨大的力量束縛著我們。

另一方面，儘管是自己所生，家長們卻很難理解，且幾乎沒人會承認自己對自家小孩不好，所以孩子過得很辛苦。即使過得不好，父母也會認為那是社會或外部環境所導致，而不是自身的錯。

我問完前述問題後，又會再問聽眾們一個問題：「所以，大家都覺得孩子比我們以前痛苦，卻覺得他們必須比我們更好，是嗎？」

此時，臺下的聽眾都會哈哈大笑，並回答：「確實是做不到！」

不知大家覺得如何？

02 「爸媽未來只能靠你了」，孩子聽了真難受

父母總是認為，現在的孩子在富庶和充滿愛的環境中成長，但他們本身卻不這麼覺得，多數孩子到了青春期，便會感到孤單，最大的原因就是沒有兄弟姊妹。

「只有一個孩子，那麼她／他過得很辛苦該怎麼辦？」這是只生一名子女的父母都會有的擔憂。

「爸媽只有我一個孩子，如果我不能讓他們高興該怎麼辦？」這是每位獨生子女都會有的煩惱。

在孩子不是生一個就是兩個的社會裡，如果雙方都只能依靠彼此，這樣的擔憂就會變成大事。偶爾大人會以愛之名說出這樣的話：「媽媽只有你了。」、「能讓爸爸高興

的只有你，我們〇〇要加油！」

不久前，我曾在試圖自殺的國中女學生的塗鴉上，看到以下內容：

「每天爸媽都要說好多次他們不能沒有我，聽得我好痛苦。我是爸媽唯一的女兒，卻無法回應他們的期待。其實，我在成績單上作假已經不是第一次了，再這樣下去不是辦法。

「學習真是煩人，讀書也真的很無聊，我知道光是用功確實無法讓爸媽高興，但如果我擺爛，他們就會比我更痛苦。我已經看過很多次他們因我而難過，甚至是吵架。

「爸爸媽媽，我不是你們想的那種女兒……你們說沒有我不行，但要是沒了我，你們好像會更開心，因為我並不是理想中的女兒。」

幸運的是，這個女孩沒有受到太大傷害。在她住院期間，我們聊了不少：

「我討厭學習，卻必須勉強自己，但我好想玩樂。和朋友們比較時、聽優秀的堂兄弟們聊天時、爸媽為了我吵架時，我都覺得好孤獨，所以我好希望有個弟弟或妹妹，這樣生活應該會過得比較開心。

「進入青春期後，我很難說出心裡話，縱使想和父母保持距離，但他們反而更想靠近，這讓我很彆扭。即使孤獨，我還是想一個人待著，希望有屬於自己的空間。

「我聽到爸媽說想送我去留學，但如果沒有我，他們就活不下去。這讓我分不清楚究竟是他們在照看我，還是我在照顧他們。」

大家覺得，讓這個孩子感到最有負擔且最難受的是什麼？是「我愛妳，爸爸媽媽只有妳了，加油！」這居然是她每天早晨都會聽到的問候。

「爸媽應該也有自己的生活啊，為什麼只有我？拜託，真是夠了！」這句話她在心裡反覆說了數百遍，想著總有一天要喊出來，但最終沒能做到。

讓她決定自殺的關鍵是「我們只有妳」。她不喜歡也不擅長讀書，再加上隱瞞壞成績，她認為如果父母知道後，可能會想死，因而抱著「也許自己死了會更好」的心態試圖自殺。

非常愛孩子的父母這才知道，女兒的負擔有多大，但他們卻選擇互相指責對方不懂孩子的心。

子女進入青春期後，以此為中心行動的家庭關係就需要做出改變，不過此時年屆四十、五十歲的父母，雙方也進入倦怠期，若不把小孩當作媒介，多數情況下便不再對彼此產生關心。

如果大人不能控制自己依賴孩童的欲望，可能會發生大衝突。在開始準備獨立的獨生子女，或只有一個異性手足（由於手足為異性，可以說是兩個獨生子女）的孩子面前，從未思考過這些的父母，往往會驚慌失措。

而孩子雖然感到寂寞，不過也切實感受到自己不想持續依賴雙親，所以即使很孤獨，他們也只想一個人。有些小孩會想，如果有親近的堂親或表親就太好了，然而沒有大家族當後援的孩子會過得很辛苦。

我將此稱為「只有你症候群」，是指在相互束縛的病態依賴下，任何一方都無法呼吸，親子關係大受傷害。孩童在小學低年級前不太能了解這種關係，即使知道也不會太在意，但到了青春期，他們會為了擺脫這種桎梏而爆發。束繩拉得越緊，孩子便越想掙脫，受到的痛苦也會越重。

你也曾對子女說過「我只有你」嗎？

我想大家有必要知道，青少年不會再認為這是在表達對他們的愛。在雙方都備感孤單的時期，這句充滿期待和執著的話只會讓彼此更孤獨，衝突也會更加激烈。

03 想要我戒掉聊天軟體？生個妹妹給我！

以下是一位女國中生的故事。女兒和媽媽一起進了診間，她滿腹不滿，噘著嘴坐下，母親大聲說出對孩子的不滿和擔心。她表示，女兒太過沉迷手機，每天都因使用聊天軟體和上網而遲到，也很常聊到凌晨三、四點。有時她會趁女兒睡覺時偷看手機，往往會發現裡面有許多不像話的內容，讓她常常想打醒正在睡覺的小孩。

女兒通宵發的對話內容，充滿呵呵呵、顆顆顆等狀聲詞，以及各種八卦和縮語，所以有時很難讀懂。母親告完狀後，換女兒開始有話要說：

「就像阿姨跟我說的，媽媽在我這個年紀時，不也動不動就和阿姨聊通宵嗎？她說，妳們蓋上被子天南地北的聊，從戀愛到老師們的閒話，再到身材，聊到不知時間流逝。我也想這樣，只是我回到家就沒人可說話了！哪有人會跟爸媽說這些？」

媽媽一時啞口無言。

「儘管如此，媽媽我當時也沒有遲到，更沒有妨礙學習，但妳有啊！而且妳在回家之前，不都一直和朋友們待在一起嗎？」母親並沒有直接回答問題，而是選擇迴避，只強調學習及小孩白天已和朋友相處很長時間。

女兒說：「和我一起上補習班的人我都不熟，和我要好的朋友去的是別家補習班，所以我見不到他們！」媽媽再次反駁：「我只是要妳少用一點聊天軟體，這樣也不行嗎？」女兒則表示：「我戒不掉！要不然妳給我生個妹妹，這樣我就能像妳年輕時一樣有人陪著徹夜聊天。」

兩人說完這些不像話的話後，互看了一會兒。女兒接著說：「我之前不是求妳買一隻小狗給我嗎？」媽媽答道：「為什麼提到狗？我不是說不能養狗嗎？買回來妳會照顧嗎？妳會幫小狗清理大便和洗澡嗎？」

兩人進行三、四次言語攻防後，媽媽以購買寵物狗換得女兒減少使用聊天軟體的承諾。神奇的是，領養小狗後，孩子使用聊天軟體的時間真的減少了，小狗似乎代替手足和朋友，成為聊天的對象。

進入青春期後，子女有很多話想說，不過父母不再是所有主題的談話對象，他們需要的是其他人或生物的陪伴，該如何讓子女有伴，是此階段的重要課題。

04 十個大人一個孩子

有個孩子在學校頂撞並怒罵老師，所以韓國教師權益保護委員會委託我進行諮商，而他也不滿的來到門診室吐露委屈。

因為老師叫他做他在家裡從來不做的整理和打掃工作，他很氣憤，於是對老師說了不該說的話。即使他知道罵人是不對的，但老師並沒有教他如何打掃，只是命令和使喚他，因此他才會覺得不爽。男孩接著講述自己的故事：

「我家有爺爺、奶奶、爸爸、媽媽和叔叔。叔叔已經四十幾歲了，但他不想結婚。在媽媽家那邊我也是唯一的孫子，外婆家有外公、外婆、媽媽、舅舅、舅媽，以及羅斯和紅寶石。羅斯和紅寶石是舅舅養的狗，他和舅媽都不想生孩子，只想養狗代替。

「在外婆家聚會時，由於只有我一個孩子，所以很難熬。長輩們總要我說一些在學校學到的東西或是耍寶，我就像開了十年的獨奏會一樣。家人的眼中只有我，不過他們的疼愛和期望對我造成很大的負擔，我總感覺自己不能表現差，也由於要時刻顧慮家人們，生活變得沒有自由，無法隨心所欲。

「兩邊的親戚都希望我能得到滿滿的愛，而我卻覺得很寂寞、責任重大，也很辛苦，所以想擺脫這個家。」

像上述這樣，兩個家庭中只有一個孩子的狀況相當常見，隨著低出生率的問題，今後還會再增加類似案例。這些孩子正在經歷極端的孤獨，在這種負擔下，韓國社會也出現類似中國或香港所說的小皇帝綜合症[1]，且情況更加嚴重。

05 我媽問問題，從來不是想聽答案

一位母親帶著一個國二的男孩來諮商，但他沉默不語，問什麼都不回答，只是發脾氣。小孩表示，他沒什麼特別想和父母說的話，不是不說，而是無話可說。

很多家長因子女不想對話感到鬱悶，然而站在孩子的立場，他們厭倦和爸媽說話，所以不想答覆任何問題。雖然不是全部的孩童皆如此，但多數排斥和父母說話的都有其理由。

1 編按：小皇帝綜合症是中國一胎政策產生的一種現象，在此政策下，上層社會和富裕家庭的子女從父母和祖父母那裡受到了溺愛，並且嬌生慣養和享受優渥的生活條件。

媽媽說了一大串話後，那個男孩終於打破沉默，開始發表自己的看法：

「媽媽問我問題，從來都不是想聽到我的答案。『今天在學校表現得好嗎？念了多少書？該讀的書都讀完了嗎？』她總是像這樣吐出連環問句。

「從上幼稚園起，每天回家媽媽便以『今天表現得好嗎？』接連開啟下列問題。『今天要做什麼功課？』、『寫完再玩！』、『完成多少了？』、『要做到什麼時候？』、『快點行動啊！』、『為什麼要一直拖延？』

「第二天放學回來又會問：『今天表現得好嗎？有沒有挨罵？』但也沒等我回答，又開始發號施令。『快點做你該做的事。』、『按計畫去做！』、『為什麼只寫了這麼一點？』

「上述話語占媽媽所說的一半以上。難道我是奴隸嗎？媽媽應該只把我當成讀書奴隸、作業奴隸，再不然她就是債主，而我要償還學習債和成績債。

「『休息一下。』、『今天不讀也無所謂，盡情的玩樂。』、『你已經做得很好了。』、『沒關係。』媽媽幾乎沒說過這種話。我光是看到她的臉就煩，我想應該沒有人會喜歡來討債的人，也不會有喜歡主人的奴隸。我媽媽和我說話不是要對話，而是為了命令我。」

母親看著兒子，露出驚訝的表情。從某種意義上而言，上述情況與其說是對話，倒不如說是檢查、確認、追究和壓迫。

溝通應是互相，但上述這些話對孩子來說，只是媽媽單方面的命令，如果持續六、七年，應該會令人感到厭倦。大家試想，若我們在這種主管底下工作六、七年，或許早就換工作了。

不僅如此，我在很多地方都曾聽過類似的對話形式。大人們認為，這是在和子女溝通，然而他們並不喜歡。

常常和爸媽進行這種談話的小孩，往往不存在快樂回憶。這些孩子即使去旅行，包包裡也被迫放入試題本，因此就連家庭旅行也沒辦法留下珍貴的回憶，他們有的只是被強制奴役的貧瘠心靈。

前述提到的國二男孩也是如此。他沒有朝氣，只有被長期折磨的疲憊神情，任何事都令他備感厭煩。而他的母親很難理解自家兒子，因為她的神情語氣流露出，「父母命令子女做該做的事」是理所當然的事。

這個孩子需要很久才能敞開心扉，因為培養十五歲青少年和大人分享生活得花很多時間。

對小孩來說，家代表什麼？家充滿了許多要做的事，也就是說，在家就必須有所生產，而自己是家人的奴隸，在滿足爸媽開出的條件之前，都要被迫勞動。當這種不滿逐漸積累在心裡，小孩的精神和身體上會產生排斥感，並在進入青春期後開始拒絕、反抗這種壓迫。

然而，為什麼父母還要那樣做？也許是由於不安，擔心子女未來會過得很辛苦。他們認為，照顧孩子的方式就是持續學習，除此之外，可能也想不到更好的辦法。

在親子關係中，如果不進行比命令子女學習更重要的情緒教育，就可能會發生很多問題。

美國客體關係精神分析理論學家克里斯多福・波拉斯（Christopher Bollas）在《客體的陰影》（*The Shadow of the Object*）[2]中，將表面上沒有異樣，但內心，也就是情緒上沒有感覺、很難產生共鳴的孩子統稱「看似正常的疾病」（Normotic Illness）。

書中指出，只要求孩童完成課題，並認為其他情緒問題不重要，而不提供傾聽[3]或反思[4]的養育方式，會導致其內心逐漸變得空虛。

雖然上述男孩的心理狀態不太嚴重，不過我卻看到他了無生氣，只是維持課業水準和表現的樣子，進而聯想到波拉斯提出的理論。

2 編按：本書尚未在臺灣出版，中文書名為暫譯。

3 作者按：指的是一邊感受對方的情緒一邊傾聽，如果孩子說：「因為今天在學校有考試，所以我很累。」大人們可以一面說出有共鳴的話：「我們○○因為在學校有考試，所以很疲倦啊！」同時予以傾聽。為了表達同理，反映對方情緒的回應是必不可少的對話技巧。

4 作者按：製造和小孩一起反思的機會。特別是針對過程或結果的影響、周圍的反應和自己的狀態等進行批判和分析。例如，我們可以問孩子：「如果你做那種行為，別人會有什麼感覺？」

06 妳只是我生物學上的母親

以下是一位女學生的故事，這個小孩也有一段不為人知的辛苦經歷。聽說她在學校突然暴怒，所以我先以問問題的方式開始諮商：

「妳是因為什麼事感到痛苦？」

「我說的話都沒人聽得懂，所以我覺得很難過。」

「原來如此，妳身邊沒有懂妳的人嗎？」

「對啊，我沒人可以談心，也得不到理解。」

此時，她的媽媽插嘴了。

「妳有媽媽和阿姨，身邊還有那麼多人，卻說沒人可以講心事？」

女兒馬上回答：「妳只是我生物學上的母親。」

聽到這句話，媽媽氣得發火說道：「妳怎麼能說這種話？」

女兒接著說：「這位是我生物學上的母親，生育我、餵養我，買衣服給我穿，花錢讓我上學，但她不太了解我，也不知道我在煩惱什麼、喜歡什麼或想做些什麼。」

「我不懂妳？我把妳生下來養到現在，還有什麼是我不知道的？」母親又開口打斷孩子的話。

孩子生氣的瞪著媽媽說：「妳了解我什麼？妳又知道我在煩惱、難過什麼嗎？」

「媽媽連妳多餘的煩惱都必須知道嗎？我那麼忙又那麼累，怎麼有空去了解妳的胡思亂想？」

女兒表示：「那我該講什麼？如果不說那些，妳還要我跟妳聊什麼？讀書的事？難道我就只能分享這個嗎？」

「現在對妳而言最重要的就是學習，所以才有討論的必要！還有，媽媽我怎麼可能幫妳處理所有的問題？妳的問題應該由妳自己來解決！」

「你看到了吧？這位說除了我的學習問題之外，沒什麼可費心的。她對我理解不多，所以我們無話可說。」孩子看著身為治療師的我說道。

媽媽似乎放棄掙扎的表示：「隨便妳！要不要放下這些胡思亂想隨妳便，我也不想管了。」

「是啊，我想要另外找一個精神上的媽媽，來理解我的想法。好，現在請妳這位生物學上的媽媽出去！」

「妳知道這些醫藥費也是我付的吧？那我就付到今天為止，下次開始如果妳有精神上的母親，就叫她來付。」媽媽從座位上起身離開。

我還來不及開口，女孩已經低著頭啜泣，也許門外的母親也正在流淚。

後來，我輕聲諮商，並與孩子討論有關家庭、學校以及孤獨的事。安撫好女孩的心情後，我決定下次再做進一步討論。之後，我也和她母親諮商了很長一段時間。

這個小朋友其實非常聰明、善良，但由於父母離異產生的愧疚感、學習及人際關係不順利等，感到煩惱。母親則是因為工作，很難抽出時間陪伴，儘管經濟上並不困難，雙方卻都備感孤寂。

孩子的母親似乎是用工作來安慰自身、填補寂寞，她希望女兒也能像她一樣，透過讀書獲得慰藉，因為她已經沒有餘力撫慰女兒，並為其心靈帶來能量。而孩子其實希望能和母親聊些瑣事，例如：衣服、化妝品、朋友的八卦、男友問題、藝人的八卦和自己的興趣……。

換句話說，女兒希望雙方有情感上的交流，但媽媽認為，那種東西她現在沒時間給予，況且在過去成長過程中，自己也從未和母親聊過這些事。

媽媽進一步表示，她現在連處理自身情緒都很吃力。她的確很忙，沒時間和女兒聊天，不過她其實也是怕尷尬，才會刻意選擇迴避。有時，她甚至會想：「自己究竟是用錢養女兒？還是用關心和愛養育她？」

縱使這個問題過於老套，我有點不好意思說，但還是想問大家：「孩子是靠錢長大，還是靠愛長大？」

事實上，兩者都是必須的，但在沒有愛只有錢的狀態下成長的孩童，將會產生預想不到的結果，而這常常發生在家庭富裕的青少年身上。

過了一段時間，媽媽表示：「我現在會試著扮演精神上的母親，儘管有些尷尬，不過我已經比較習慣笑著聽女兒分享大小事。事實上，我偶爾還是覺得聊那些有的沒的有點浪費時間，也很累人，上班真的比養小孩簡單多了。」

經營好一個家庭非常困難，尤其養育子女更是辛苦，工作反而相對容易許多。有時，我會聽到父母提及，沒想到在生養小孩的過程中，還得了解孩子的心情，以為他們會像自己過去一樣，就算不和爸媽聊天也不會出什麼大問題。

但這其實是家長們的錯覺，才會誤以為這樣長大沒問題。有些大人由於成長過程中沒有父母陪伴，因此現在才會和子女在相處上有諸多困難。因為他們在歷經青春期時，即使心裡很痛苦、寂寞，也沒有表現出來，並覺得自己沒事，然而卻在生下孩子後，在親子關係上遭遇很大的障礙。

有部分父母則認為，在親子關係中，經濟能力比陪伴更重要。**由於自己過去沒能和父母談心，所以並不懂得和子女分享內心的感受**。在冷漠的上一代養育之下長大的冷酷父母，特別會對孩子想談心的要求感到負擔。

因此，覺得孩子需要談心是他們個人的問題，父母無須負任何責任，這種觀點是需要重新思考、探討。從另一個角度來看，**大人與青少年發生衝突，其實是十幾歲的孤獨和四十、五十歲的孤獨碰撞後的產物。**

Tip

為父母翻譯青春期子女的心情

- ✔ 請各位了解，小孩正在孤單的成長。
- ✔ 請銘記，孩子需要阿姨、叔叔等爸媽以外的長輩。
- ✔ 請理解大人的期待對小孩是一種負擔。
- ✔ 請接受進入青春期的子女已不再是兒童。
- ✔ 請記住，比起檢討行為或課業，更應該先觀察孩子的心。
- ✔ 若想和子女對話，請切記，比起說話，傾聽更為重要。
- ✔ 如果孩子的問題越來越嚴重，請先思考自己是不是把問題放大了。

紀伯倫的《孩子》

你的孩子不是你的孩子，
他們是生命的子女，是生命本身的渴望。
他們經過你來到世界，卻並非源自於你，
即使他們和你生活在一起，也不屬於你。

你可以給孩子愛，
但別試圖把你的想法灌輸給他們，
因為他們有自己的想法，
你可以給他們一個肉體之家，
卻無法給予他們靈魂之家，
孩子們的靈魂，你無法找到，
哪怕是在夢裡也沒辦法，

因為他們的靈魂住在明日之家。

你可以努力讓自己變得像他們，
但是不要設法使孩子變得像你，
因為生命不會倒退，也不會停留在昨日。

你就像一把弓，
孩子則是從你身上射出的箭，
弓箭手對準無窮路徑上的箭靶，
使出渾身解數拉彎你這把弓，
讓箭飛得又快又遠，
欣然屈服被弓箭手折彎，
因為他愛那疾飛的箭，也愛那不會動搖的弓。

第 2 章

在家是主角，在校卻被當臨演

01 請問醫生，哪裡有賣自信？

近來，有些孩子提早在國小高年級進入青春期，然而大部分人仍是從國中開始轉大人。成為國中生後，最大的變化就是在校排名的落差比國小明顯，成績好與不好的孩子之間，差距會越來越大。在這個過程中，如果無法引人注目，他們就會覺得自己越來越沒有存在感。

某對母子提前來到我的門診報到。孩子是國二生，剛坐下沒多久，媽媽便開始如連珠炮般的發表意見：

「別人家的孩子都有什麼中二病、自命不凡和叛逆，但我家小孩完全相反，你看他像是有中二病的人嗎？今天既然來看診，就要把所有問題都解決再走。醫生，我兒子進入青春期後，似乎完全失去活力，話越來越少，也更加害羞，甚至好像還變笨了。」

母親看著兒子滿是擔憂的說：「你還不把背部挺直，把頭抬起來？」

接著，用近乎吼叫的聲音說道：

「醫生，你看到了吧！這孩子就是這樣。你再坐直一點！唉，我真是快看不下去了。你有什麼困難，今天全部告訴醫生！我不懂這孩子為何沒自信，他會彈鋼琴，參加小提琴比賽還得過獎，成績也不錯，雖然沒什麼運動神經，卻沒有什麼特別大的問題。然而他不喜歡出去玩，每天都坐在電腦前。」

媽媽講話的音量越來越大。

「喂，你想讓媽媽幫你說嗎？從現在開始換你講！你怎麼都到這裡了還不肯開口？醫生是專家啊！醫生，你看他現在的態度和眼神，他這副樣子到底該怎麼活下去？看起來一點自信都沒有。」

男孩變得比剛進來時更加畏懼，他不想說話，但他母親卻以不允許他沉默的口吻繼續說道：

「我想請醫生培養他的自信，拜託你了，錢和時間你都不用擔心。只要他能帶著自信心做事，你想讓我們夫妻倆做什麼都可以。他都已經國二了，還這個樣子該怎麼辦？我簡直快要瘋了，真想知道哪裡有在賣自信，再貴我都會買。醫生你能給孩子自信嗎？我聽說你看過很多類似案例，不然我也不會來。如果百貨公司有在賣，我早就直接買了，就是因為沒有任何一個地方在販售自信，所以我才會來這裡。」

我心想：「真可惜，我的門診也不賣自信心，該怎麼辦才好？」我只好跟這位母親說，希望能和男孩單獨聊一會兒。小孩在媽媽出去後嘆了一口氣，接著又低下頭來。

「現在我們談談好嗎？」

孩子搖了搖頭。

「好吧，我知道了，你心裡應該很難受，我會好好告訴你媽，今天先做心理檢查或興趣檢測，下次我們再單獨聊天。」

男孩出去後，媽媽又進來聊了第二輪，之後便取消心理檢查的預約。我了解那位母親的鬱悶，也理解她的選擇，另一方面又非常心疼那個小孩。

子女轉大人後，可能會因身心變化感到恐懼，由於害怕、尷尬和陌生，啟動沉默、反抗等各式各樣的防禦機制。若要解開他們內心的防禦盔甲，就需要鼓勵，但大人們往往會選擇責備，並以為嚴厲教訓一頓，就能使其振作，然而這麼做只會消滅小孩原有的自信。

事實上，也有很多孩子在上國中後，變得像輕度狂躁患者（hypomania）[1]一般興奮，不過更多的是在混亂中沉默的度過。

大家覺得，為何很多孩子到了青春期後會變得畏縮？其實，這是家庭和學校管教所致，因此我將在本章的第二小節談論這個主題。

1 作者按：狂躁症的前一階段。自我價值感和自我認同提升，所以興奮忙碌，出現目標導向型的活動增加，話變多、消費變多等，平時不會出現的行為。

02

在學校，沒人會喊我的名字

上學為什麼無聊？每個孩子都有自己的理由，但我諮商過的一位國中生這樣說：

「醫生，你知道為什麼學生需要別名牌嗎？」

「名牌？那不是為了讓老師容易認識自己的學生嗎？」

「才不是，名牌是為了讓老師指使、訓斥我們時，不用一個個背名字[2]。醫生你真是天真！你應該看過很多外國電影吧？」

「有啊，我看過不少外國電影。」

「你在那些電影裡有看到青少年別名牌的嗎？」

「嗯，是沒有……。」

「那我們為何要別名牌？就是我剛剛說的那個原因。」

「有這個可能。」

「但別著名牌又有什麼用？」

「什麼意思？」

「沒人會叫我的名字。」

「為何你會這麼說？」

「像我這麼安靜、畏縮又不喜歡引人注目的學生，老師們沒有理由特別關注我。我一個月會被叫到四、五次嗎？也許有些老師對我的臉只有模糊的印象，根本不知道我的名字。我在學校幾乎沒有存在感，但醫生你知道我爸媽在家裡對我說什麼嗎？」

「是像別人家一樣叫你王子或是將軍嗎？還是說你是最棒的人？」

「對，我在家是王子，我爸和爺爺從小就這樣叫我，去到學校，我卻只是老師的僕

2 編按：自一一一學年度起，臺灣各級學校不得強制學生於制服上繡姓名。

人，他們叫我做什麼我就得去做。師長們壓根不知道我的名字，也不曉得我是什麼樣的學生，只會命令我做東做西。」

「所以，你希望學校老師多叫你的名字，多關心你嗎？」

「也不是這麼說啦，那樣的話我會很麻煩，我喜歡現在這樣。」

「在家裡，你被當作最棒的，但在學校，老師們卻不知道你的名字，也不關心你，我理解你為什麼會覺得難過。」

「我現在不在乎了，我和幾個沒什麼存在感的孩子都是那樣，只是在家裡，爸媽對我特別好時，我會有點不好意思，因為我在學校超不起眼。」

也許在父母那一代，上學時，只要能被師長看到，就心滿意足了。當時，存在本身就是一件值得感激的事，根本不敢奢望要受到矚目，但**現在的小孩不同，他們要的是感受到自身存在感。**

然而，正如同方才那位孩子所述，老師們頂多只能記得十名學生，分別是表現好的五位，以及另外五位愛搗蛋或表現不佳的學生，其他沒被記得的大多數孩童，幾乎都和老師不熟。

假設一所學校有六百名學生，那麼大概會有一百名學生受歡迎，他們的名字也會廣為人知，另外一百名學生則被討厭且臭名遠播，剩下約四百名學生是被遺忘的存在。這些人是舞臺上的臨時演員，也是那兩百位主角孩子的配角，即使實際情況並非如此，但他們卻都有這種感受。

現在的小孩比我們更想了解自己，可惜老師不記得這些王子和公主的名字。**他們在家是主角，去學校卻變成臨演。這樣的角色轉換讓孩子備感艱辛，你能理解嗎？**

就算我希望學校能讓每個孩子都輪流擔任主角，然而實際上，在這齣連續劇中能占有一席之地的人，往往這三年都不會有太大的變化。因此，一直以來只做臨演的孩子，必定不可能覺得上學很有趣。

當然，學生沒存在感，並不是老師個人的錯，大環境才是更大的問題。我們需要的是更小的學校和班級，以及更多的教師。

當一個學校有一千多名學生，且一個班級超過三十人的情況下，師長們很難掌握所有學生、提供幫助，並討論其未來前途，只能停留在膚淺和形式上的互動。

聽到OECD[3]會員國的平均每班學生人數大概落在二十名左右後，我認為，應該盡快推動小班制教學，和規模較小的學校。因為在只由導師和科任老師組成的現行體制下，要他們毫無遺漏的照顧三十名以上、有著各種需求的學生並不容易。

03 多數青少年都有自戀創傷

如果想了解為何有些孩子成為國中生、進入青春期後，就變得畏縮不前，首先必須知道，除了第一名或表現良好的學生外，大多數孩童都受到自戀創傷（narcissistic injury）[4]的影響。

十四、十五歲的青少年，所經歷的內心創傷就是承認、接受自己表現得沒那麼好。

3 編按：經濟合作暨發展組織（Organisation for Economic Cooperation and Development）的英文縮寫，其會員國有美國、加拿大、日本、德國、法國、英國及義大利等。

4 編按：發生在自戀者認為其自我形象受到批評、輕視或侮辱時。由於自尊心低下，任何感知到的判斷都會損害自戀者的自我意識。自戀者經常會做出暴怒、被動攻擊或否認的反應，以保護自己免受未來的傷害。

小學時，有些孩童或許也會感受到這種優劣比較所帶來的痛苦，但由於自我意識尚未發展成熟，因此反應較輕，然而上了國中之後，痛苦的感覺就會變大。

當孩子逐漸了解自己屬於哪種群體，發現自己無法擠進前幾名時，就會感到失落和悲傷。這些小孩所經歷的自戀創傷，與發現自己可能不優秀而感受到的內心慚愧、得不到愛的恐懼，以及無法愛自己的痛苦等，有很深的連結。

所以，他們在這個時期都會不約而同的開始吶喊。

內向的孩子很容易變得沒有活力，外向的孩童則為了破壞父母的期待而展開行動。不論他們是否有意為之，這些都是因存在感受到威脅所產生的反應。

父母和師長只會覺得小孩不過是成績稍微變差而已，但他們感受到的卻是「這世界沒有我的位置了」。

敏銳的大人們可以聽到子女痛苦的吶喊聲，然而大多數家長和老師都聽不到，只是忙著責備他們不夠努力。

這些孩童想了解自己在全國同齡者的隊伍中，到底站何處，同時也煩惱是否要一直待在這支隊伍或是退出，因此他們開心不起來，相反的，他們時常處在疲憊的狀態。

「我不是什麼了不起的孩子，爸媽那麼疼愛我，但我在三十幾人的班級裡只是中等水準的學生。」大家在青春期時，也曾經有過上述的想法嗎？那你還記得自己當時是如何處理這種情緒的嗎？

不論是過去和現在都一樣，我們的**社會氛圍只會稱讚少數表現好的孩子，卻不會鼓勵並支持多數平凡的小孩**。雖然大人們偶爾會說一些安慰的話，但還是以訓斥居多。即使教育方式改變，仍無法處理這些孩子的痛苦，反而好像使他們更加辛苦。據我推測，這是由於獨生子女家庭越來越普遍的緣故。

讓孩子變得沒活力的四種話語

以下話語會讓子女變得沒有活力：

- 做得不好還不如不做（過分要求）。
- 如果比不上○○，不如不要做了（比較）。
- 想做好很吃力……（負擔）。
- 雖然做了才知道，但似乎經常失敗（預測失敗）。

這些話會讓孩子想逃避、變得消極，因此，請用以下的語句來鼓勵並予以稱讚：

- 找到自己想走的路並堅持走下去的人很美麗！
- 努力度過難關的人很厲害！
- 只要累積小小的成功，創造新的機會就夠了！

04 表現好的同學現在都不跟我玩了

年紀輕輕就得做出重大抉擇，這並不是全球普遍的問題，而是只出現在特定幾個國家的現象。這些國家的特徵是將高中分成不同類型，例如，韓國將高中分為特殊目的高中[5]、自律型高中[6]、特性化高中[7]等。

你可能會質疑我究竟想表達什麼。我想說的是，這樣的劃分方式，讓孩子大約在國

5 編按：以特定領域之專業教育為目的的升學高中。簡單來說，指某個科目的資優學校。

6 編按：所謂自律，就是經過政府審核後，授權學校有一定的自主權，並根據該校的辦學理念，決定如何設計課程、教學方式、招聘什麼樣的老師等，希望達到「多元入學」的目的。

7 編按：包含商業、工業、農業、觀光、美容，以及傳播／IT等，以就業於各項產業為目標所設立的高中。

中二年級時，便得開始認真思考高中升學問題，甚至也有孩童或父母更早就做好決定。決定進入好高中就讀的孩子，會出現和其他人不同的行程。因為必須補習，導致他們的週末消失，且適合的補習班又有所不同，有時還得跨區上課。

以下是一位住在非首都地區的國中生前來諮商時所說的故事：

「醫生，表現好的同學現在都不和我玩了，他們連和我相處的時間也沒有，聽說他們週末都必須去別的地方補習。他們上好高中，我們上普通高中，他們是未來領導國家的人才。他們會去首爾生活，我們則住在鄉下；他們可以守護國家，而我們只是守著社區……大概就是如此。」

「那麼，你對這些看法有什麼樣的感覺？」

「某天，我突然覺得有點不高興。和我住同一棟公寓的小孩中，有個人成績特別好。我聽媽媽說，他週末幾乎都住在補習班，媽媽一邊嘆氣一邊向我訴說這件事，讓我覺得自己好像變得很渺小。我沒想到，我們之間的路這麼快就變得不同了。

「我的成績不是很好，也不太想努力。雖然輸給別人讓我有點不高興，但我無能為力，因為我並不屬於那個群體。我沒什麼特別擅長的事，也很普通。每當媽媽提到那個孩子時，我都會很生氣，卻也覺得自愧不如。

「在學校也是一樣，整個校園都繞著這樣的學生運轉，因為他們總是能為校爭光，而我只能站在他們旁邊陪襯，根本沒人會看到我。父母和老師也是如此，他們只記得表現好的和幾個會惹事的孩子。在學校裡，很多學生的名字連一次都沒被叫過。我們就是那麼不起眼！」

大家能了解子女說這種話的心情嗎？

05 我說說罷了，只有我媽當真

許多孩童到了青春期，會因殘酷的現實而喪失自信，甚至變得畏畏縮縮，然而他們比誰都想成為特別的孩子。他們仍對卓越成果有所憧憬，並強烈希望變成模範。有些孩子希望自己像韓國滑冰女神金妍兒、職業足球運動員孫興慜，或是十幾歲就成功的藝人一樣優秀。

不過他們不知道的是，成功人士背後所經歷的訓練有多嚴苛，也不了解整個過程有多艱難，只關注華麗的成果和報酬，並希望自己能成為鎂光燈下的焦點。

這些小孩也看了很多類似的電影，總長約兩小時的電影中，他們看到剛開始不怎麼樣的主角，變成明星或了不起的英雄，以至於誤以為蛻變的過程，就像變魔術般簡單。

當然，他們不會再像小學時荒唐的模仿，但他們依舊難以理解，培養能力及取得好結果中間所花費的時間、隱忍和淚水。因此，這些孩子開始對自己有過高的期待，當然，高期待亦是受到父母和社會很大的影響。

之前有個孩子對我說：

「我在學習上有很多競爭對手，這讓我發現我沒有讀書天分。雖然我知道現在才開始學溜冰已經太晚了，但我以為或許我能做得比讀書更好，所以嘗試了一下，結果還是不行。」

「哪裡不行？」

「我沒辦法溜得像金妍兒一樣好。」

「看來妳對自己的期望很高。」

「我原以為只要稍加練習就能做出類似動作，但事實並非如此。」

「也許妳應該多多練習？」

「我決定放棄了。雖然花大錢買的溜冰鞋很可惜，不過試了幾次後，便發現自己沒有溜冰才能，因此決定取消課程，直接投降。溜冰還是得從小學起才行。都怪我媽，她應該從小就要培養我，如此一來我就不用吃苦了……。」

「所以，妳希望有人能發現妳的才華？」

「我哪有什麼特別的能力，我只是說說罷了。」

希望表現良好並看起來風光無限，以及不費吹灰之力實現幻想，被殘酷的現實給擊潰。**這些孩子在險峻的高山面前停了下來，可能是因為他們本來就不想登上這座山。**說真的，誰想爬這種山？然而在人生道路上，我們一定會遭遇到，若不越過，便只能停留在原地。

面對高山，立即放棄的孩子心裡應該也很受傷、難過。

06 誰說我沒有任何想法，你們等著看

孩子想出人頭地卻發現很難，看著渺小的自己，會有很多煩惱，也會出現各式各樣的幻想。**對小孩而言，說他們「沒有任何想法」，最令其難以忍受，也會覺得被忽視。**其實，他們常因想法太多備感煩惱，只是不想向人訴說罷了。有時是思緒尚未整理清楚，有時則是很難用言語表達，所以乾脆不說。

被忽略時，常見的防禦機制之一，是否認並誇張的回應，這正是產生「虛張聲勢」這個膚淺心理機制的原因。孩子會說「你們等著看」這種大話，並製造自己強勢的形象，這是由於討厭、害怕被忽視所製造出來的假象。

藉由裝腔作勢，降低自己受到的嚴重自戀創傷。有些孩子乾脆先發制人，使人無法

接近。陰沉、刻薄，有時氣沖沖叫父母不用擔心，並衝出家門……這些都是青春期的防衛機制特徵，而小孩很難發現這一點，即使有所覺察，也不願意承認。

轉大人的孩童已經開始搭乘前往未來的公車，有些人內心想坐最高級的公車，但其實他們也知道自己等的是三流公車。他們有時希望這世界像電影裡一樣發生巨變，不過電影其實也沒那麼美好，因為絕大多數活下來的都只有主角。

「我在學校這個舞臺上，沒出現過幾次。當爸媽想拿著一大束花來看我時，我想說：『不要來，來了你們也不會看到我出現在臺上。』我真的很少或幾乎沒能站上臺。」請大家想想子女的心情，也許你就能理解他們為何會想離家出走。

07 不想用功的最好藉口：我不是讀書的料

你看過小學成績就很不好的人嗎？很少。國小時，大多數人都是優等生，但升上國中後，卻發現讀書很無聊、不適合自己，或因結識了壞朋友而開始荒廢學業。即使並非所有人都是如此，但每年都會有部分學生走上這條不歸路。那麼，究竟是什麼原因使他們變成這樣？我認為是國中課業變難，有些人可能就此駐足在名為「努力與天賦的十字路口」前，沒有選擇繼續努力下去。

國小的競爭少，也沒有殘酷且使人痛苦的排名，然而上國中後，隨著公布在校成績排名、上課時間及課業量增加，很難只靠一個晚上就取得好成果。

小孩必須比以前更努力，因此不擅長念書的學生往往會選擇放棄，不再學習。同時，他們也會開始尋找成績變差的藉口，以及可怪罪的對象。

在過去手足較多的年代，會讀書的子女可以承擔父母的期待，而不擅長念書的孩子也會用其他方法過活，但現代家庭不是獨生子女，就是只有兩個孩子，所以他們無法自由選擇。

隨著課業和壓力增加，孩子被要求展現在國小時沒被培養的耐心、自律、積極等性格。其中，最受父母看重的就是努力，而這也使從未學過該如何努力的青少年無所適從。因此，不用功最好的藉口就是：「我的頭腦不好」、「我不是讀書的料」。

針對這種怪罪智力、遠離努力的心態，美國史丹佛大學行為心理學教授卡蘿・S・德威克（Carol S. Dweck）在她的書《心態致勝》（*Mindset*）中，提出了多種理論。

她將人分成兩種心態，分別是「定型心態」（fixed mindset）與「成長心態」（growth mindset）（見左頁圖表2-1）。前者認為能力是天生，不會因努力與否而有所改變，因此一旦遭遇困難就會埋怨智力、能力、命運和環境等，並選擇放棄。她覺得，擁有這種固定思維（mind-set）的人很難成長。

相反的，後者則認為能力並非固定，只要盡力就能改變，嘗試錯誤相當具有意義。

如果遇到困難，他們就會更加用心，並尋找新的方法、祕訣和觀點來解決，也因此他們能持續成長。

這兩類人帶著不同的目標生活，怪罪能力的人帶著「評價目標」過活，努力的人則帶著「學習目標」生活。

對於帶著評價目標生活的人來說，重要的是向別人展現自身能力，以及得到什麼樣的反饋；反之，對於帶著學習目標的人而言，最重要的是成長、興趣和失敗帶來的啟示。

圖表 2-1　卡蘿．杜維克所提出的兩類目標不同的人

「定型心態」評價目標	「成長心態」學習目標
表現（評價）更重要	學習更重要
希望得到認同	享受過程及學習
能力導向	努力導向
不變（固定）的思維	可改變的思維
認為一切都是命	認為人人都可能成長
單一價值	多元價值
更看重偶然	更強調必然
執著結果	重視過程
必須做的義務（苦差事）	做事過程覺得有趣
事實本身很重要	以態度為重

做錯事並不是什麼不愉快的經歷，只要持續努力和練習就能做好，並不會退縮。

你的孩子帶著什麼樣的目標生活？而你又是帶著怎樣的目標生活？你對子女的教育是否聚焦在努力和過程上，還是把重點放在能力和結果上？我寫過很多關於此觀點的書，也在演講時多次提及相關概念，我認為這是非常重要的思維。

升上國中後，孩子已經慢慢定下目標。雖然他們並非有意為之，但已經習慣評價目標的小孩，會開始按照這個思維做事。也就是說，他們往往沒有充分用功，便埋怨起自己的智力很差、讀書很無趣或自己不是讀書的料。同時，開始出現只是單純模仿成績好的孩子（因為對爸媽感到抱歉），卻不用心學習、變得沒自信（因為覺得自己無能）、反抗（為了擺脫大人的期待）、逐漸沉迷於遊戲（為了逃避）等各種行為。

請大家不要誤以為子女做這些事會感到開心，仔細聆聽他們描述自己的心情，你會發現他們心裡都有傷疤。

08 當我發現自己不是天才時

以下是一位現在過得還不錯、二十歲出頭的青年告訴我的故事，而這位青年在十幾歲時曾度過一段艱難的時期。

他在國小時，幾乎每學年都當班長，長得高又帥，且擅長運動，不管做什麼事都能按照父母的指示做得很好，無論走到哪都備受稱讚。

升上國中後，他在一年級上學期時繼續擔任班長，也和班上同學關係融洽，非常受歡迎。不過，下學期卻出現了問題，他的成績開始下滑，雖然不是沒讀書，但他一直都是臨時抱佛腳，所以成績並不理想。

升國二的寒假，由於媽媽強制要求，他的補習時間變得更加緊湊，然而國二上學期的第一次期中考成績卻比國一下學期還低。從那年暑假起，他和爸媽的衝突加劇。他與主張要進入特色高中的父母吵架後，開始拒絕念書，並和朋友們一起流連網咖，最後甚至說不想上學。

他媽媽經過多方打聽後，決定來諮商，而男孩也在母親的逼迫下來見我一次。

「聽說你似乎不想上學？」

「我不知道。」

「你覺得是什麼讓你感到疲累？」

「沒什麼特別的。」

「哪些事讓你覺得很難過？」

「也沒有什麼傷心的事。」

「你討厭什麼？」

「我不喜歡爸媽，也不喜歡學校，什麼都討厭。」

「原來如此，你厭惡一切有什麼特別的原因嗎？」

「我都是按照爸媽的命令生活，很煩。」

「你說你按照命令生活，這是什麼意思？」

「你做得真好、你是天才、你是最棒的……他們從以前就用這種謊言引誘我讀書，我現在不喜歡了。」

「你的意思是，你連自己都討厭嗎？」

「也不是，我不太清楚，我只知道我媽實在太煩人了，我不能考不好或說我不喜歡，因為她要顧自己的面子。」

「聽起來你是因為媽媽所以過得很辛苦。」

「我已經厭倦，我覺得媽媽好像是在玩弄我。她以前會說：『你表現得很好，很聰明，只要稍微努力馬上就能爬到頂端。』然而，現在她只會質疑我沒做好的地方，並訓斥我不能懈怠。我還聽到她跟別人說，我小學時表現好都是由於她的關係。」

「這麼說，你國小時表現很好，但現在有了變化，而且你媽媽因你的這些改變，施加更多壓力？」

「她因為我國小的表現有點飄飄然，但那都是國小的事了。我雖不擅長學習，不過我不喜歡她說我不夠努力，我比小學時更用功，可偏偏我就不是讀書的料。醫生，你想想看，如果有人之前說你是天才，現在卻說你是笨蛋，你聽了會開心嗎？」

「如果以前做得好的事現在做不好，肯定會很難過。更何況，你曾經表現得非常好，那一定會更傷心。」

「就算我不是天才，但我之前以為我是個什麼都能做得好的孩子，現在看來卻不是如此。我努力嘗試過，依然做不好，好丟臉。我想做我拿手的事，像是我本來就很會運動，遊戲也玩得很好。」

「聽起來你好像覺得每件事都必須做好，那你要不要先試試看即使沒做好，也把這件事當作是有趣的事，並相信自己會慢慢變好？」

「老實說，不管是不是真的，過去很多人都說我很厲害，假如我沒聽到這種誇讚，我就不想做，因為我覺得如果做不好，不如去死算了。如果同學、父母和老師都覺得我不怎麼樣，只有我一個人獨自堅持，我怎麼有辦法覺得有趣？那不就跟崇拜偶像的感覺一樣嗎？」

說出這番話的男孩，似乎比我更了解人生。他表示，如果做不好就會被忽視，與其這樣倒不如去死，雖然他這裡說的「去死」並非指自殺，但還是讓我覺得他靈魂的某部分跟死了沒兩樣。

「要努力才能做好，代表本來做得不是很好。在我看來，真正表現好的孩子都泰然自若，那麼要努力到什麼時候才能追上他們？我以前不管做什麼都不覺得辛苦，但現在卻很吃力。

「我不喜歡努力和忍耐，那無法令我感到興奮，而且做完之後也不會產生成就感，所以我不喜歡。以前大家說我是天才，但其實都是騙人的，只不過是非天才的事實暴露出來罷了。」

從那之後，諮商就更加困難，男孩似乎對自己非常失望，即使父母努力嘗試改變也無濟於事。於是我找了更有名的諮商師來輔導他，不過他的態度並沒有太大變化。他的爸媽犯了助長孩子「定型心態」的失誤。

「你遺傳到我們，所以本來頭腦就很好。」

「你到底缺少什麼才做不好？」

「比你差的孩子也沒什麼問題，都做得很好。」

孩子就像死了般活著，甚至足不出戶。後來父母也去接受諮商。兩年後，我又見到那個男孩，他在入伍前來諮商，我和他幾乎是時隔四年再次見面。

他將近四年沒有經歷過團體生活，所以很擔心，父母也非常憂心，他目前正在準備考大學，但沒什麼自信。然而，經過四年，十九歲的他，部分負面想法已經消失，更能真誠的進行諮商。即使他現在還是有些悲觀，也仍然憂慮他人如何看待自己，只不過他現在更能接受現實。

「什麼都想做好卻沒能做到，是一件很痛苦的事。有人說，就算不能事事如意也沒關係，但以前的我並不認同。我覺得『再努力一點就行』，這是很沒出息的想法，因為我過去活在不是第一就很難活下去的世界。

「我覺得待在不被別人認可的位置上很丟臉，所以不想去學校。然而，世界上不是只有成功的人，也有很多人沒成功，這些也是人啊！」

他一邊諮商，一邊吐露心聲。他正在慢慢恢復，並積極找尋自己的目標，而非他人的期待。他不再批判自己，還談到了他如何照顧自己和身邊的人。

順利結束軍旅生活後，他考上了大學，雖然成績不允許他選擇最想要的科系，但他仍選到最接近的科系，並過著愉快的生活。現在，他不再需要諮商了。

結束諮商後，他說了以下的話：

「我以前好像真的死過一次，花了三、四年才活過來。天啊，父母和老師當時真的很殘忍。當我知道自己不是天才，並且感受到關心和人情逐漸消失時，我都有墜落感。我花了相當長的時間才學會不要去在意別人，並找到人生與想做的事。」

09 幫助孩子擁有做得到的勇氣

不斷變好是一件很美妙的事，這是努力的美德，是在名為稱讚、鼓勵、支持、一起堅持的耐心，以及信賴的土壤中所成長的花。

從青少年時期開始，正式綻放的努力之花和果實，需要的是與重視評價目標不同的成長心態。正如前幾節所言，在困難面前不輕易退縮，懂得享受學習且擁有目標的孩子，比較容易開花結果。

在這個強調天賦的社會，要幫助孩童學會努力，並非想像中簡單。協助他們以開放的心態面對變化和可能性，對於培養這項美德會有很大幫助。

重要的並不是要孩子對現在拿手的事產生自信，而是擁有雖然做不好，但只要盡力就會變好的勇氣，以及對不懂和不會的東西不氣餒，相信透過學習和努力，就能做好的信心。

所謂「十五歲的危機」，是指小孩在這個階段，認知到自己需要不同的生活方式，面對人生可能會選擇前進或後退。此時，如果不能正確理解讀書本身的價值，以及克服困難需要付出相對應的辛勞，不論是暫時還是長期，他們都會變得畏縮。

升上國中後，很多事都會改變，例如：學校規定變嚴格、課業變重等，也可能會出現適應與否的問題。敏銳掌握變化、順利跟上進度，並將適應變化視為有趣挑戰的孩子，與不這麼想的孩子之間，便出現了很大的差異。重視努力的孩童自然會適應得更好一些。

相反的，強調天賦的小孩會往往稍微落後一點，或是因有點追不上進度就變得意志消沉。特別重視天分的父母，通常會過度保護子女，過分減輕他們的辛苦，同時只看重其能力和智商。這樣一來，孩子很難嘗到努力實現目標的成就感。

在單一的價值觀中，認為自己能力不足的孩子會生氣、退縮、選擇放棄。常見的有數拋（放棄數學者）、英拋（放棄英語者）、中拋（放棄期中考）、末拋（放棄期末考）、書拋（放棄讀書），以及學拋（放棄學校）……這些都是學生們的流行用語。

這讓我想起在某個演講中，一位母親提出的問題：

「我的孩子以前表現很好，現在卻很多事都不行，這時除了催促，我們還能做些什麼？我以前也是上了國中後成績下滑，所以很痛苦。當時爸媽和老師的嚴厲訓誡對我很有幫助，但這個方法對現在的小孩真的行不通，反而只會讓自己氣到不想說話。

「難道這就是世代差異嗎？我知道比起訓斥，更應該予以鼓勵，不過，具體該怎麼做才好？即使不太會鼓勵人，我也必須盡力做好嗎？」

這位媽媽提出了很好的問題，她指出世代差異，以及對於鼓勵的理解和實踐。我的回覆如下：

我們的時代和子女生活的時代存在巨大差異。我們感激在艱困世代還能讓我們讀書的父母，然而現在的孩子本就有很多機會，甚至被強迫學許多東西，因此，他們不會感謝大人給予學習機會的環境。

我們這一代的學習動機是擺脫貧困並翻轉階級，但現在並沒有這樣的動機。對於多數中產階級的孩子來說，自我實現才是重要的目標，也就是說，自己覺得有趣和有意義的，才會產生學習動機。

對夢想脫貧並向上爬的父母而言，重要的是實現目標的耐心，但對以自我實現為主並希望擁有幸福、有趣人生的這一代來說，興趣和意義才是根本價值。如果無法幫助他們發現興趣和意義，就無法賦予動機並激起其耐心。

簡言之，孩子無法理解爸媽嘴上說我愛你，卻要他們承擔痛苦的任務。

理解世代等於理解子女，換句話說，必須了解父母這一代的青春期與子女們的文化有很大差異。如果不努力理解他們的價值觀，就很難創造世代間的溝通和共鳴。**所謂鼓勵就是「幫助孩子擁有做得到的勇氣」，或是「協助孩子相信自己」**。雖然我很難明確說明稱讚和鼓勵的差異，不過稱讚有時會透過與某人比較，誘導小孩做出特定行為，鼓勵則是讓小孩產生自信心。

從研究阿德勒心理學[8]的魯道夫．德雷克斯（Rudolf Dreikurs）或簡．尼爾森（Jane

8 作者按：阿德勒（Alfred Adler）雖然是佛洛伊德（Sigmund Freud）的弟子，但是他否定佛洛伊德的慾望和衝動理論，並建立了強調自己理論的獨立心理學派。他的理論對自卑、能力、性格的社會影響留下了許多啟示，並對後續的教育諮商、人文主義諮商、家庭及夫妻諮商產生了影響。

Nelsen）的著作[9]中可以找到鼓勵的重要性，我認為書中溫暖的理論對孩子的自信心有很大的幫助。

9 作者按：我推薦的魯道夫·德雷克斯著作有《在教室裡保持理智》（*Maintaining Sanity In The Classroom*）、《孩子的挑戰》（*Children: The Challenge*）等。簡·尼爾森的著作則推薦《溫和且堅定的正向教養》（*Positive Discipline*）、《跟阿德勒學正向教養：教師篇》（*Positive Discipline in the Classroom*）、《溫和且堅定的正向教養2》（*Parents Who Love Too Much*）等。

如何幫助無法決定前途的孩子們

1. 才能與自我效能感

才能是發現與培養而來，自我效能感則是透過稱讚孩子的努力，以及自行累積成功經驗而產生，故稱讚並鼓勵他們的才能和努力非常重要。在小孩產生的自我效能感上，再加上關心、稱讚、鼓勵和支持等，就能進一步從內在、外在激起學習動機。

2. 成功經驗

即使是再小的課題，人類都會為了成功而努力。因此，大人們得幫助子女取得成功，如果他們覺得困難，必須適時降低難度，並依此調整目標。

小小的成功經驗可以培養孩童對巨大成功的挑戰意識。成功的經驗也能使人擁有取得成功的態度和知識，所以體驗成功非常重要。

3. 興趣與前途

尋找興趣和前途時，請參考以下三步驟：

①從文科、理科、藝術體育等，選擇感興趣的領域。

- 文科：語言學、法學、人文社會學、商科等。
- 理科：醫學、工程等。
- 藝術體育：音樂、美術、體育、攝影、遊戲等。

②先刪除絕對不會從事的領域（除去不符合自身興趣和才能的）。

③何謂才能？

- 做起來感興趣（不無聊）：有趣。
- 比其他能力強：自我效能感。
- 具有透過努力就會變好的想法：擁有成長心態。

10 青春期男女壓力大不同

經歷青春期壓力時，孩子會依據不同的因應方式，出現相異行為。尤其是，男女生應對壓力的方式天差地別（見下頁圖表2-2）。

男孩在歷經學習困難時，容易放棄，並選擇逃避，而最佳的躲避處就是線上遊戲的世界。他們利用既能消磨時間，且可以為自己帶來樂趣的遊戲來避免痛苦。

大人們必須好好了解，原本子女只是把玩電玩當作興趣，後來卻導致成癮的現象。雖然不是所有的青少年都是如此，但大多數男孩玩電玩，並非將遊戲當成未來的職業選項，而是視為逃避痛苦的手段。

此時，與其不讓他們玩電玩，更重要的是了解其挫折、失敗和困難，並設法給予幫助。一旦在遊戲上花費過多時間，導致成癮，就會陷入惡性循環。

假設某個孩子每天玩六小時的遊戲，相當於六年的青春期中，有一年半全部浪費在電玩上，這會使他們大幅退步，無法好好成長。

另外，身體活動不足或對身體缺乏自信，也是導致孩子更加沉迷於遊戲的原因之一。因此，鼓勵小孩持續活動身軀，並和朋友們一起進行團隊比賽，是避免他們玩電玩的好方法。

青春期女孩的壓力比男孩大。許多調查和統計顯示，女學生的憂鬱比例較高，因憂鬱而自殘的青少年當

圖表 2-2　青春期男女生的差異

青春期男生的壓力	青春期女生的壓力
夢遺	月經
開放	封閉
大團體	小團體
活動重點：不談家務事	關係重點：談論身材及家務事
沉迷運動、遊戲	沉迷偶像
重視身材、外貌	重視穿著、外貌
較少將父母放在心上	高度將父母放在心上
逃避、躲藏、畏縮	孤獨、憂鬱、自殘
破壞物品	破壞關係

中，女孩更是占多數。

青少女會在放棄學習的同時討厭自己，當她們認為不符合父母、朋友或自己的期待時，也會厭惡自身。女生往往要求自己取得更高的目標和成果。

有關女孩們對憂鬱、焦慮、壓力等更敏感的原因如下：

- 更多生理變化。
- 必須做得更好的壓力。
- 必須更加完美的負擔。
- 對於父母的期待更加敏感，更有必須符合期待的壓力。
- 感覺社會上仍存在性別歧視。
- 對安全的擔憂和不安。
- 交友困難，以及朋友關係的敏感性和封閉性。

除了上述幾個因素，重點還是在於家長們要敏銳掌握青少女可能感到辛苦的部分，理解她們的壓力來源，同時打造出可以減輕負擔的環境。

因為生活環境有著更多不安的因子，所以需要幫助她們減少這些變數，如此一來，才能實際減輕壓力，使其感到安心。

光是說我愛你、幫買衣服，或是買好吃的東西等片面協助是不夠的，必須讓子女感受到同理和支持，並在現實中帶來具體降低壓力的因素，才會對他們更有幫助。

Tip

為父母翻譯青春期子女的心情

- ✔ 不要忘記孩子的自信源自於父母的信任。
- ✔ 請成為能教導子女努力的大人，不要因為他們做不好就放棄。
- ✔ 比起挖苦失敗，更應該強調成功，請成為發現小孩成功的爸媽。
- ✔ 比起成功，更應該重視「成功的祕訣」；比起失敗，更應該探討的是「失敗的教訓」，這樣才能帶給子女力量。訓斥子女的失敗並不是好方法。

✔ 鼓勵和稱讚是義務而非選擇，每天一鼓勵、一稱讚是孩童所需的養分。

✔ 請不要忘記親子之間至少有二十五到三十年的年齡差距，也請記得子女是生活在與父母完全不同的時代。

第 3 章

壞掉的鋼鐵人
與不受控的蜘蛛人

01 「醫生，我挑五十部精選色情片送你！」

在第三章，我想談談與身體相關的問題。這是理解青春期孩子非常重要的一環，也是我們常羞於討論的話題。然而，身體的變化與心理息息相關，也是子女發生巨大變化的原因之一。因此，改變看待此事的態度和觀念非常重要。

有一名國中生，他生於雙薪家庭，常常單獨在家。帶他來諮商的是住在他家附近的親戚。這個孩子不想讀書，只會一直玩電腦。雖然他的塊頭比同齡的人大許多，個性卻很害羞，看起來畏畏縮縮。他本來是很文靜的男孩，但不知為何突然暴怒，不僅侮辱朋友，甚至拿刀威脅對方。因為這件事，他被帶來找我。

某天，在諮商時，我提到了關於女朋友的話題：

「你有交過女朋友嗎？」

「沒有，我到現在為止都是單身。」

「原來如此，那你有興趣嗎？」

「我有喜歡的人，不過她應該不知道我喜歡她。醫生，你應該做過很多次吧？」

「做什麼？」

「做愛啊！」

「看來你對這方面很感興趣。」

「我看過很多類似的影片，我也是聽了朋友的話之後，上網搜尋才發現新天地。醫生，你知道做那個的時候有很多種姿勢嗎？網站上說，共有一百零八種體位。」

「聽起來你經常瀏覽這樣的網站，你是怎麼找到的？」

「上網很容易就能找到，有很多那種網站。我都是下載並收藏起來，下次要不要挑五十部好看的給你？」

「你是說你想送我A片嗎？」

「對啊，不知道有沒有辦法全部裝到USB裡面，我們挑的都是最好看的。」

「原來你是和朋友一起觀賞啊！我學生時期也做過這種事。不過，這也表示你看了五十多部色情片，對嗎？」

「不只五十部，我看過更多，因為有些片長很短。我偶爾也會看別人下載的影片，聽說女生們也會看。」

「你這個年紀的孩子都看那麼多A片嗎？我有點擔心，請問你是在哪裡聽到那種網站和社群媒體聊天室的消息？」

「剛開始我都問別人，但現在我已經熟門熟路。來源不難找，價錢也不貴，我現在就可以在這裡開給你看，你要看嗎？」

「除了朋友之外，你還會跟其他人聊你對性的興趣嗎？」

「醫生你瘋了嗎？不是你先問起女朋友的話題我才說的嗎？」

我本來有機會收到五十部色情片精選，但我拒絕了。以上是我聽完那個孩子講述性交、自慰相關的想法，經過整理後，擷取出的談話內容。

02 孩子的性生活比你想像的更早

大家知道韓國青少年第一次性經驗的平均年齡是幾歲嗎?根據教育部及保健福利部在二〇一八年,以六萬名青少年為對象調查的「青少年健康型態調查統計」顯示是十三.六歲[1]。雖然並非所有孩子都是如此,但此調查結果多少反映出一些現實情況。

韓國的平均初次性經驗年齡越來越低,反之,也有年齡上升的國家,最具代表性的是荷蘭。據報導表示,該國的初夜年齡上升到十七歲。我想,他們應該是施行什麼因應

1 編按:根據我國衛福部國民健康署一一〇年青少年健康行為調查報告,國中學生曾發生過性行為者占一.四%,高中職學生則占一一.六%。

方法。

另一項調查指出，韓國青少年中有八〇%透過網路接觸色情內容，國小起就開始接觸的兒童比例也持續增加。雖然許多家長們還不知情，但孩子的性生活比想像的更早，大約在十五歲左右，也就是進入青春期後，便有關於性的想法和行為了。

然而，多數大人卻不想了解，往往選擇視而不見，直到出問題才開始關心、擔心。

青少年子女會有這種性相關的想法和行為並非有意為之，而是身體變化所導致，這是性荷爾蒙分泌變多的結果。快的話在國小五到六年級，慢則在國中二年級，孩子就會慢慢感受到，然而也有人是突然感受到改變。

特別是上國中後，大部分孩子都會出現第二性徵，並伴隨著生理變化。女孩會有月經，男孩則經歷勃起和夢遺。對所有的人來說，這都是再正常不過的事。

請家長們一定要告訴自己，四十、五十歲的我們歷經的青春期，與現在的孩子截然不同。不知道大家記不記得，現在四十歲以上的父母們兒時都生活在保守的世代，當時的人光是看到穿著比基尼的女生照片就會大喊「不要臉」！

現在則是開放的年代，只要子女下定決心，都有辦法拿到爸媽的身分證字號和電話號碼，並以非常低廉的價格無限觀看成人頻道。此外，想誘惑孩童的成人，只要透過隨機聊天等方式，就能輕易使其上鉤。因此，與過去相比，孩子們受到更大的性刺激。

即使父母將過去世代的禁慾文化強加給子女們，他們也很難接受。由於社會環境和媒體都產生變化，網路和手機的出現，使接觸性的管道越來越容易，因此孩子們的性經驗正持續增加。

一旦有了性慾，就會做出自慰或類似自慰的舉止，在做這種行為時會產生性幻想，並想著與幻想中的對象建立浪漫的關係。他們不可能和父母訴說這種事，甚至只會告訴非常值得信賴的朋友。

英國精神分析家摩西．羅珀（Moses Lofer）曾強調，青春期自慰、性幻想的重要性。自慰和自慰時的性幻想很難和他人分享，卻也是這個時期的青少年，在性發展過程所必須經歷的事。在此過程中，小孩有了祕密，產生了即使和爸媽再親近也不能說出口的事。如何解釋並處理這類問題，是目前社會的重要議題。

生理改變創造了孩子獨自經歷的「內在世界」，他們不會分享包括身體變化在內的所有事，只會和他人分享部分經驗。此時，如果沒有朋友或手足可以討論，他們就會驚慌失措，也因此對現在的青少年來說，網路成為對話的主要夥伴。

就算孩子們有了更早的身體發育和更多的刺激，我們的社會依舊缺乏對性的探討。在這種社會氛圍下，有部分小孩將此視為禁忌並藉此禁慾。

03 身體變化掀起的家庭革命

第二性徵的出現也會為家庭帶來禁忌。對孩子而言，觸摸母親的胸部或光著身體睡覺的日子結束了。從父母的立場來看，因為子女可愛而拍拍他們屁股，或撫摸身體的親密關係也隨之終結。即使是再簡單不過的三人家庭（父親、母親和一名孩子），如果沒有設定這種界線，就有可能帶來混亂。

簡單來說，孩子已經進入可以和他人生兒育女的年齡。這裡所說的「他人」當然也包含佛洛伊德提及的近親關係，也就是父母。

因此，親子之間應該劃清界線，不能再像以前那般親近。不過這容易使雙方產生很大的疏離感，因為子女不再能像幼兒時期那樣依偎著爸媽，而雙親也很難再將兒女如同嬰兒般抱在懷裡。

美國精神分析學者彼得・布洛斯（Peter Blos）表示，人類在嬰兒期會經歷第一次分離─個體化（separation-individuation）[2]，第二次則發生在青春期。

孩童在嬰兒時期曾有過的伊底帕斯情結（Oedipus complex，又稱戀母情結），會在青春期再度被激起，而解決方法就是逐漸與父母分離。不能再依靠爸媽以及尋找自我認同的壓力，會使子女開始追求獨立，同時產生對異性的憧憬和渴望。

如果大人不能接受這個時期的離別，往往會因此生氣或感到遺憾。這樣的父母通常會有以下想法：「現在居然都不能說以前那些親密的話了！」、「為什麼要關門？」從子女的角度來看，可能會產生「為什麼還把我當成小孩子？什麼時候才能不再聽爸媽的命令？」等憤怒的情緒。

對於分離，父母雖然會感到難過，但仍要告訴自己，孩子已經長大成人，所以不能再隨意命令他們；而孩子則可以毫無負擔的告訴爸媽，自己需要私人空間，並開始與之保持適當距離。

這個距離對孩子們而言是尊重，然而固執己見、做不到這點的父母，會拿自己年輕時的生活和孩子比較，例如：「媽媽以前也是一家人住在同一個房間啊！」、「你年紀還這麼小，為什麼要關房門？」

現代社會充滿了各種誘惑，因此需要建立能幫助孩子處理性衝動和性生活的社會機制，同時必須配合他們的發展，實施合適的性教育，包含教導如何與異性交往、提供緩解性衝動的運動和藝術活動，以及看待媒體和網路性資訊的正確態度等。

要子女在充滿誘惑的環境中自我忍耐，對他們來說並不公平，因為整個社會營造出充滿性刺激的氛圍，卻告訴他們不能看，這是令人非常困惑且生氣的事。

然而，性教育總是困擾著許多父母。由大人直接進行性教育不是一件容易的事，尤其是親子間聊到這個話題時，通常會顯得非常尷尬。因此，比起直接進行性教育，不如在孩子提到異性朋友或喜歡的藝人時，自然而然的詢問他們身體變化，並為其解惑。如

2 作者按：美國精神分析學者瑪格麗特·馬勒（Margaret Mahler）將孩子在嬰兒期與母親分離後，成為個體的過程稱為分離—個體化，布洛斯則將青少年從自己所屬的家庭中分離出來，稱為第二次分離—個體化。第二次是以青少年具有受孕能力後，與父母產生的衝突為中心，重新體驗了與父母的三角關係，並再次激起嬰兒時期曾經歷過的伊底帕斯情結。

此一來，小孩就會知道這些生理反應相當正常，也會因此放心。

另外，不少人會在青春期談戀愛，所以我認為約會教育也非常重要。由於我們無法阻止青少年談戀愛和約會，因此更應該幫助他們享受約會。

04 實際體驗變少，上網時間變多

新冠疫情後，青少年最大的變化是上網時間增加，這是指花在App和網站上的時間。在需要保持社交距離的情況下，孩子們必須遠端上課，並透過各種社群媒體相互聯絡，瀏覽網頁的時間因此大幅增加，且至少增加兩倍以上。

你有網飛（Netflix）帳號嗎？現在的串流平臺除了網飛外，還有Disney+、Watcha[3]、Wave、TVing[4]、Coupang Play[5]、蘋果電視等，頻道越來越多樣，內容也更加豐富。

「追劇」一詞指的是只要上網，就可以在任何地方看到各種影集和電影。各類媒體的出現，給予青少年大量觀看內容。

近來，以看影片為中心的用戶增加，因此網路的使用模式發生了很大的變化，其中最大的改變就是搜尋方式。據說，YouTube正在超越Naver[6]和谷歌（Google），成為第一大搜尋引擎，越是年輕的用戶越是如此。

問題是，YouTube影片並未設置嚴格的年齡分級。例如，前陣子在全球大受歡迎的韓劇《魷魚遊戲》明明是十八禁，卻連小學生都能看完整個故事和主要場景。我詢問這些孩子觀看管道，他們大都回答是在YouTube上看到的，因為YouTube可以將十小時的電視劇或影集縮短到一、兩小時，甚至三十分鐘以內。

而如今YouTuber也成了多數小孩嚮往的職業之一，許多網紅更詳細介紹自身工作內容和收入，有的甚至年收入達數十億韓元[7]，這工作因此成為青少年的夢想。以前的父母煩惱該如何限制兒女玩遊戲的時間，現在則擔心他們看Youtube影片的時數。

新冠疫情趨緩後，各國政府開始採取各種措施，以減少民眾上網的時間，希望將目光從高度依賴的螢幕移開，並轉向做家事、參與社區活動、戶外運動等。

韓國先從推廣做完其他事再用3C產品的單純活動開始，進一步發展出做完家事就能得到零用錢的「家庭兼職」風潮。政府也建議民眾進行更多體育活動，或是參加各種博覽會和展覽，同時大力推行每週末的家庭露營，來減少民眾上網的時間。

在青春期發育的過程中，孩子們因疫情之故，減少了直接接觸和體驗人事物的機會，陷入虛擬空間的生活所產生的各種副作用令人擔憂。因此，全家人都應該努力減少使用3C產品的時間，特別是有青少年的家庭尤為重要。不只是單純用眼過度的問題，由於上網而錯過這時期該有的重要體驗，才是最讓人擔心的事。

大家都是如何減少上網時間的呢？

3 編按：是韓國的一家IT公司，設立於二〇一一年九月。主要運營影視作品點評推薦網站「WATCHA PEDIA」以及OTT串流媒體「WATCHA」兩大業務。
4 編按：韓國的網路串流媒體，由CJ集團、NAVER和JTBC三方合資組成公司並營運。
5 編按：韓國電商龍頭旗下的OTT串流影音服務，目前尚未在臺灣營運。
6 編按：韓國著名搜尋引擎網站，在韓文搜尋服務中獨占鰲頭。
7 編按：約新臺幣兩千五百多萬元，全書韓元兌新臺幣之匯率，皆以臺灣銀行二〇二四年七月公告之均價〇．〇二五元為準。

協助孩子減少手機使用時數的基本原則

我認為，現代社會最重要的就是維持日常（routine）的能力，做好日常的所有工作，便有從事興趣和休閒活動的餘裕，失序的生活容易讓人對不好的事物成癮。故為了避免青少年網路成癮，請先一起實踐以下事項：

- 在購買手機之前，先透過家庭會議制定手機使用規則。
- 將要做的事寫下，確實做完後，商量玩手機的時間，並在爸媽的監督下使用。
- 規定關機時間（限制晚上的使用時數）及手機費，透過費用檢查子女用手機的情況，並且不讓他們把手機帶上床。

當然，父母都要以身作則。

05 他正在努力適應身體的變化

對青少年來說，除了性衝動，調整並適應大幅成長的身體也是一件大事。

某個孩童因散漫和吵鬧前來諮商，他就讀的是明星國中，所以班級人數大都超過三十人。這個小孩經常因為在教室裡大聲說話，或是撞到桌椅而挨罵，他的辯解如下：

「醫生，不是我散漫，而是教室真的太小了！我們家有二十四坪，住了三個人，但教室一共容納三十六個人，居然只有二十坪！至少也要三十坪才行！

「在這麼小的教室裡，桌椅放得密密麻麻，老師又叫我們不要隨便跑動，真的很不舒服！在狹小且人又多的地方說話，當然容易聽不見彼此的聲音，所以說著說著聲音才會越來越大。

「我們班有一半學生的身高都超過一百七十公分，然而桌椅卻很小，因此不是我動作太大，而是只要一起身就會碰撞到或卡到桌椅，這難道是我的錯嗎？

「而且學校也都沒有為學生設置休息室，老師們明明才幾個人，憑什麼就有休息室，我們學生有幾百人卻一間都沒有。居然連讓我們休息的地方都沒有，卻禁止我去操場伸展筋骨，那麼我不在教室和走廊動一動不就悶壞了。老師居然還說我這樣很散漫，真是煩死了！」

聽了上述孩子的抗辯，我想大家都會替他感到委屈。在我們以前那個年代，並沒有發生過這種事，但現在教室比住家還小的情形卻很常見。

孩童的身體會在青春期急劇變大，所以讓他們一直待在狹小空間內，當然會覺得很辛苦，況且不是只待一下子，國中生平均一天在教室的時間是六到八小時。要求三十六名學生安分的坐在窄小教室，大家覺得這有可能嗎？

青少年們正在努力適應身體的變化，不過大人們卻沒有打造出相對應的環境。

他們在教室坐了很長的時間，難免會想起身走動。然而，有部分家長希望子女用腦的時間比活動身體的時間多，這樣的父母會使孩子不喜歡運動，並透過玩線上遊戲這種動手指的活動取代身體活動。

如此一來，他們將漸漸失去活動身體的自信，成為畏縮或害羞的孩子。

06 太高太矮太胖太瘦，都苦惱

剛開始，孩子們會對突然變得與眾不同的身體感到負擔，但會隨著時間慢慢適應。在調整自己的身體形象、肌肉到性衝動等身體變化的過程中，他們將逐漸提升自信心。

女孩們的月經及男孩們的夢遺，也是父母們需要重視的課題。女生要適應週期性的生理變化，男生則要學習透過自慰等行為，緩解因夢境而產生的性慾和緊繃情緒。

這些生理上的調整最早從十二、十三歲就會開始，到了十五歲，孩子的適應力和自信都會提升到一定程度，這個過程如同鋼鐵人（Iron Man）起初由於不習慣身上所安裝的裝備，總是彈跳到意想不到的地方，甚至摔倒或暴衝……但熟悉後，就能與身體融為一體。

孩童在打籃球或踢足球時，也和以往不同，隨著身高長高，他們投籃的動作會有所改變，踢球的強度也會增加。以前他們經常因爸爸在籃下攔截而輸掉比賽，但個子變高以後，在籃下投籃也絲毫不遜色，戰勝爸爸的喜悅之情開始溢於言表。這是青少年改變的明顯例子之一。

因為成長，可以做到以前做不到的事情，這讓他們感到愉悅。不僅可以玩國小時不能玩的遊樂設施，過去因危險而不能碰觸的東西，也隨著年齡禁忌解除逐漸解封。就像我們買了新車或新的電子用品會很興奮，並且想測試其效能一樣，孩子們也是如此。

適應自身身材，即是佛洛伊德所說的身體自我（Body Ego）適應。**身體自我的穩定是青春期的重要任務之一**。孩子們在教室裡無所畏懼的奔跑、碰撞，並積極活動身體的樣子，就是為了征服身體變化所經歷的過程。

不論是太高、太矮、太胖、太瘦，這時期的青少年都會為此感到煩惱，因為與同齡人的人際關係會受到身材的影響，高的人會和高的人一起玩，強壯的孩子則會和強壯的孩子玩在一起。

在身體發育的過程中，如果過於矮小或肥胖，可能會導致畏怯，如果周遭有人針對這點攻擊他們，將會大大的失去自信。有些父母會擔心子女太矮或太胖，小孩同樣也有相同擔憂。大人應該多鼓勵孩童欣然接受自己身體的成長，並幫助其調整體態，使他們不因自己的身材感到害羞。

07 對身體沒自信，心理就脆弱

青少年最不喜歡聽的話語之一是「長得都比父母高大了，做事卻還像小孩子一樣」，雖然這是希望他們能好好調整自身行為，但也可能會導致其對長大的身材感到羞愧，進而認為自己因為身心不成熟而受到欺負。

我想再次強調，孩子對自己身體滿意與否是自信的根源之一，萬一感到不滿，下場就會是過分減肥，有些孩童甚至為了擁有苗條的體態，下定決心不吃飯。

反之，也有多吃少動而變得肥胖的孩子。過度肥胖會使小孩出現性早熟（Precocious puberty）等症狀，這是最近劇增的兒童、青少年疾病之一，也是過去少見的事例。性早熟是指由於第二性徵的急速發育，促使身體處在與年齡不符的早熟狀態，與此同時，心理上也會無所適從。

從青春期起，孩子對外貌的煩惱逐漸變多。我想大家都知道，韓國是世界上最多人接受整型手術的國家。青少年討厭自己的原因之一是無法接受自身容貌和身材，因此，有許多人在外貌上花費了許多時間及心思。

我們必須在此時期提供有助於子女適應身體的環境，例如：有自己的獨立空間、適當的性教育、排解身體慾望的活動等。如果大人們無法提供這些協助，他們的自尊心將會下降。

當孩子對身體沒自信時，心理上就會變得很脆弱。如果身心缺乏自信心，那麼他們就會成為隨時可能爆發的不定時炸彈。青少年精神分析師布魯諾・克洛弗（Bruno Klopfer）將此現象與「發展崩潰」（Developmental Breakdown）相互連結，提出青少年時期的身心不適應，是造成他們隨時可能崩潰的危險性。

雖然現在與過去相比，有更多管道能獲得資訊，然而依舊缺乏可以消除孩子緊張的教育、關懷和理解，所以他們容易變得像壞掉的鋼鐵人、奇怪的蝙蝠俠（Batman），或是無法控制的蜘蛛人（Spider-Man）般，會在家裡或教室突然變成壞英雄（bad hero）或超級壞蛋（super bad）。

我在演講時，有些媽媽會問我應該讓孩子從事什麼運動。青春期確實是需要養成運動的習慣。在西方的電影中，許多國高中學生都很努力運動，他們會玩滑板、騎自行車、打棒球、打籃球、登山、游泳、露營……這與韓國的情況大不相同。

任何運動都好，最好是讓子女選擇自己喜歡的運動。不喜歡球類運動的小孩，可以試試看登山或游泳。

運動有讓孩童宣洩壓力的效果，不僅如此，還能使他們的身心更加成熟。與他人一起運動時，感受到的合作感和親密感等，可以提升其建立人際關係的能力。

某個壓力過大的孩子，自從開始打壁球後，情緒就獲得了控制，他告訴我，每當向牆壁猛力擊球時，他都有心曠神怡的感覺，因為他想像自己將球擊向那些給他壓力的人，因此光是打球就能舒緩身心負擔。

08 你越禁他越想做，理解才能調整

「我的小孩上國中後變得非常忙碌，但都是在忙與戀愛、化妝和偶像有關的事。我一關心她，她就嫌我煩，她就像只和偶像們一起生活一樣，我真是快瘋了。」

對國中女學生而言，偶像文化可以提供代理滿足感，從某種角度來說，明星可以說是青春期的緩衝層。青少年在青春期開始獨立，需要一個父母以外的墊腳石，偶像便扮演了這種角色。如果孩子追星的程度不嚴重，喜歡明星其實是可行的。

我想說的是，請不要「禁止」！如果父母反對子女追星，那麼雙方就很難建立良好的關係。換言之，爸媽必須同理孩子想變漂亮、想撫慰空虛、想擁有理想型的心。

如果家長能表達出同理心，並且告訴他們不要太過度，大部分孩子其實都能做得很好。如果只是一味禁止，便會使子女因厭惡父母而產生更大的問題。

多數有同理心的爸媽，會在孩子說自己有喜歡的偶像時這樣詢問：「這是你的理想型嗎？原來喜歡〇〇〇讓你這麼開心啊！」並且分享自己年輕時喜歡的明星。

然而，關閉親子溝通的家長通常會反感的表示：「追星能給你飯吃嗎？你為什麼不好好讀書，反而把父母辛苦賺的錢花在偶像身上？」我想，這些話只會讓小孩徹底關上心扉。

同理心，才能讓青少年練習調適，百般阻撓反而會使他們過度崇拜偶像。如果大人想用力量壓制和禁止，只會讓小孩更想做，唯有理解並表現出信賴感，他們才會努力調整。儘管知道這是悖論，為什麼還是有許多父母選擇下禁令呢？

我想是因為不安，深怕把持不住子女、怕他們淪陷，更怕因此失去這個孩子。看著如此擔心自己的大人，孩子其實也會感到焦慮。給予孩童信任，也是使他們做出正向行為的途徑，只要父母不那麼恐慌就行了，即使心裡有點不安，也要忍耐。

我認為，這是大人與青春期子女衝突的根源之一。「該禁止還是同理？」從子女的立場而言，也許這個選擇背後是「不安還是信任」、「獨裁還是民主」、「控制還是獨立」、「不信任還是認可」……。

當家長發布的禁令越多，與子女的爭執就會越嚴重。因為孩子為了去做被禁止的事，將會展開各種革命。青少年與父母發生衝突在所難免，但還是希望不要給彼此帶來太多傷害。因為在嚴重衝突的背後，是彼此對孤獨的恐懼。

爸媽擔心孩子獨立後會很孤單，孩子則是不論獨立與否，都可能感到孤獨。子女離開後，雖然父母內心會有所匱乏，但若孩子無法獨立，他們則會因沒有同齡人的陪伴而感到孤寂，所以說，邁向獨立對小孩而言非常重要。

因此，精神科醫師克萊爾．溫尼科特（Clare Winnicott）說：「**從某種意義上來說，比起無力的依賴，孩子的反社會行為反而是更健康的信號。**」

09 關於性教育，你能為子女做的五件事

性教育很難，尤其是親子間進行性教育，並非亞洲文化的一部分，大多數父母本身也沒有接受過正規的性教育課程。為了開始出現第二性徵的青少年們，以下我將簡單說明大人能為子女做的五件事：

一、請提前告訴孩子，他們的身體可能會產生哪些變化，使其放心。例如，告訴子女可能會有月經或夢遺，這是自然的生理反應，也是長大的訊號，請他們不用擔心。

二、請大方恭喜孩子。聽說，有些女孩會舉辦月經派對，而男孩們似乎沒有這些活動，但他們也需要得到祝福，因此，請告訴你的孩子：「恭喜你長大了！」

三、小孩可能會有喜歡的對象，所以重要的是，親子間應該討論如何與異性交往，並對約會本身進行教育。父母必須接受孩子進入青春期後，開始會對異性產生興趣，並教導他們如何以好的方式與好的異性來往。

四、請告訴孩子，對身體的尊重就是對人的尊重。換句話說，家長必須使子女懂得愛護自己的身體，也要說明慎重對待他人身體的重要性。

五、請為孩童說明色情物品或各種不健康的性誘惑。爸媽應該讓小孩了解到，社會上存在著將性衝動商業化的誘惑及非法性行為。性對我們而言，是人生中非常重要的一部分，但也必須讓他們認知到，社會上有對此抱持不同動機的人。

10 關於自殘、紋身、穿耳洞

進入青春期後，孩子們會對珍貴的身體進行各種嘗試。自殘、紋身、穿耳洞是象徵性的次文化之一。

為什麼孩子們要對自己的身體做這種事？

有學者表示，光是自殘，就有超過十三種理由，但其根本原因是，孩子在解決現實生活中的不安時，無法透過他人緩解焦慮。換言之，就是青少年無法透過與人溝通消除內心的不安，所以藉由傷害自己唯一可以控制的身體，或是刻上肉眼可見的某種標記，以此感受到安定。

學者們在分析自殘原因時也發現，自殘與情緒調節困難、孤獨，以及難以從人際關係中得到安慰有關，自殘者的共同點是否定、厭惡和深深不信任自己。

至於紋身，在我諮商過有紋身的學生中，其理由大致分成以下三種：

- 透過紋身告訴自己體內有潛藏的能力。藉由將專屬的咒語刻在自己身上，會感覺到被守護的安心感。
- 想和朋友建立更深的連結。如果孩子是因為朋友之間的友情和歸屬感，所以想一起紋身，那麼多半是覺得紋身後會有同伴的感覺，並且能減少孤獨感。
- 依據紋身的內容和方式，期待紋身後能得到某種力量，並期望這股力量能保護自己免受傷害。

紋身或穿耳洞是為了強烈表現出朋友關係的印記，象徵同一群人或是同一個家族，抑或是彼此共享某種價值觀。自殘、紋身、穿耳洞等行為，會在青春期時急劇增加，並在二十歲後逐漸減少。

如果子女對上述舉止產生興趣，父母應該思考以下幾點：

- 先確認孩子是否過於焦慮、恐懼，或壓力太大。
- 了解小孩是否已經無法透過與人溝通，來解決上一點的心理困境，並因此感到失望，或覺得非常不舒服。
- 了解子女是否希望加入新的朋友圈，或是有融入的壓力。
- 即使是出於孩子的個人意願，也請試著詢問他們，是否想藉由這些行為表達自己的想法。

重點是，讓青少年透過對話獲得被同理以及溝通的機會，並藉由此過程體驗到好的變化和解除心理壓力的暢快感。越是理解和溝通，孩子的特殊行為就會越少。

當然，除了自殘之外，紋身和穿耳洞目前尚未得到充分的研究，而這兩種行為與憂鬱或自殺等精神疾病的關係相對較少。我希望大家可以認知到，紋身或穿耳洞是子女在青春期想展現個性、集體歸屬感或心願的行動。

Tip

為父母翻譯青春期子女的心情

- ✔ 請不要讓子女因身形變化而感到不安，而是告訴他們，身體的成長也是一種成就。換句話說，就是讓孩子開心的感受到自己正在成長。
- ✔ 小孩需要的是私生活的尊重，進房間前請先敲門。
- ✔ 如果發現青少年子女在看色情片或刺激性影片，請不要太過擔心，只需告訴他們適可而止即可。比起嚴格禁止，應該相信孩子的控制力。
- ✔ 反覆強調身材缺點是一種傷害，請不要讓小孩過度焦慮自己的身體。
- ✔ 克服青春期生理混亂的兩個昇華活動是運動和藝術，這也是打造家庭環境中最重要的要點。
- ✔ 父母和子女應培養共同的運動嗜好，並空出一起運動的日子。

第 4 章

大人不僅不厲害，還非常差勁

01 讓孩子有限度的隨心所欲

青春期是孩子正式產生自我意識的時期，同時也會努力尋找自我，產生各種反抗和不服從。在此過程中，被家人接受的孩童是幸福的，但在諮商室中，我更常遇到的是瀕臨崩潰邊緣的小孩。

曾經有位離家出走的國二男孩來找我諮商。他的父親從事法律工作，母親則是高中數學老師。雙親都是生活規律、嚴謹且節儉的高社經地位人士，問題是，他們會將職場中所需的工作特質，原封不動搬回家裡。

父親不抽菸、喝酒，準時下班，在教會擔任執事，過著規律的生活；母親愛乾淨，很會整理，做事謹慎。儘管父母都是守法且嚴謹的人，然而兒子卻不是如此。

爸媽都期待兒子同樣守規矩，不過他卻從小學起，便做出偷竊、說謊、出入網咖（據說是因為大人禁止小孩在家上網）等讓父母失望的事，並在國中二年級時離家出走，他和身邊的朋友說，爸爸媽媽讓他喘不過氣，他快活不下去了，所以才逃離家裡。

「我家到處都是禁令，不能吃口香糖、不能喝冰的飲料、不能吃太多、不可以玩遊戲、說話也不能太大聲……。這根本不是一般人住的房子，而是修道士或和尚住的寺廟。不論我想做什麼，爸媽都禁止，他們也真的很守規矩，就像活在人間的天使。他們總是罵我、冷漠的對我，什麼都說不行，連手機都不讓我換。其他同學都有智慧型手機，只有我用的是2G手機，我真的什麼都做不了！」

孩子彷彿自己受到虐待般，說出上述欲求不滿的話。父母則因兒子的這番話，表現出對不起我的態度。

「我真的不懂他為什麼變成這樣，我們從小就很認真教他，現在長大了卻控制不住，真的很抱歉。」

爸爸說完後，媽媽接著表示：「我從他小時候便有讓他做想做的事，但完全不知道他現在為什麼會如此，真是太丟臉了。」

孩子氣沖沖的說：「妳居然這樣說！我哪有什麼事都能做，哪裡還有像我這樣無法隨心所欲的人？我以為長大了會不一樣，但什麼都沒有，反而是不讓我做的事變得更多了！你們每天只會說我什麼事都做不好，所以很擔心我！事實上，根本沒有人像我這樣生活，我現在想做自己想做的事！」

初次見面時，這一家三口反覆說著這些沒有交集、宛若兩條平行線的話，經過第二次、第三次諮商後，他們開始做出一起生活所需的讓步、妥協和調整。我認為，在這個過程中，父母似乎比孩子更加辛苦。

隨著時間流逝，三個人逐漸意識到這個家缺乏的是什麼。**家長終於發現，子女應該用愛來養育，而不是按照規則來養**，同時也了解到，為人父母應該適時接受小孩的需求，因為一味禁止，無法培養出孩童的道德。

然而，大人也不能萬事都聽孩子的話，而是應該一起訂出可遵守的約定。當子女長大後，則要給予自律，而非加以控制。並且告訴自己，兒子有他自己想要的樣子，他不會是永遠服從父母的乖孩子。

經過幾次諮商後，這個男孩慢慢變得溫和，也很認真遵守約定，與此同時，父母因不想失去他，也付出了許多努力，最終，隨著與父母的尷尬感逐漸減少，家庭治療越來越有效，國二男孩常有的叛逆語氣也因此平靜下來。

他們失去了現實中本就不存在的理想兒子，卻得到現實中有些調皮、渴望得到父母的愛的小孩。父親由「總是依法」轉為「大致依法」，母親也由「總是嚴謹」改為「大抵嚴謹」，孩子則由「總是隨心所欲」轉變成「有限度的隨心所欲」。某天，這一家三口開著遊戲機一起打電動，甚至連整理客廳也沒有。

02 他沒有變壞，而是翅膀硬了

你的孩子乖巧到幾歲？小四？小六？還是國一？

多數孩子會在大約國一寒假時，從順從父母的乖孩子畢業，他們不只褪去服從，有些人甚至會反抗。到了那時，花言巧語、威脅、賄賂等，父母過去曾使用的溝通技巧將再也行不通。

換句話說，孩子就是「翅膀硬了」，因此青春期成為大人們需要謹慎對待的大事。

進入青春期的子女，不再那麼尊敬父母，也不再把對方理想化。不論是否親口說出這樣的想法，他們現在對爸媽和老師早已有了與國小時不同的看法。小學時，他們已隱約知道父母似乎和偉人傳記裡描述的不一樣，最快在國小高年級時，他們就會發現，別說是偉人了，大人們不僅不厲害，有時還非常差勁。

「爸爸常常喝酒，總是工作到很晚才回家。另外，我也不知道媽媽平常在做什麼，所以時常活在焦慮和恐懼之中。」在這樣的過程中，孩子開始撤回對爸媽的好感，甚至反過來認為他們才是需要被照顧的人。

孩子發現父母真實的樣子後，身心靈都會開始保持距離。

他們不希望不優秀的父母再對自己指手畫腳，而即使有些孩子依舊認為自己的爸媽相當出色，他們仍會排斥父母的要求和管教。繼生理變化後，青少年也將發生思想和認知的革命。

從孩子的角度來看，他們認為自己是「從無知中覺醒」，但從父母的立場而言，子女不過是長大了一點，便開始目中無人。儘管親子在這部分有著認知差異，但實際上，就是聽話、順從的時期已經結束了。

小孩不再覺得小學時喜歡的動畫有趣，不論那些動畫場景有多麼壯觀，對魔術般的幸福結局，以及好人永遠勝利的故事情節也感到厭倦。如果是這類型題材的電影，他們只接受大片。

依據心理學家皮亞傑（Jean Piaget）的認知發展理論（Theory of Cognitive Development）[1]所述，青春期孩子已經進入形式運算階段[2]，即他們開始有自己的邏輯思維。雖然每個孩子可能有些微差異，不過他們將逐漸擺脫兒童時期的經驗思維。

對於童話故事等寓言，他們會要求驗證，並提出假設性問題。「這合理嗎？」思考此問題的次數將不斷增加。孩子開始擁有批判性思維及反省能力，但也失去了純真。父母雖然會為此感到欣慰，但不免會有「孩子真的長大了，不再那麼聽話」的感慨。

問題是，子女的這種理性狀態並非表裡如一。他們可能會無情的批判他人，卻對自己寬容且友善。

孩子不滿意大人給予的環境，大人則對孩子以自我為中心的標準不以為然。因此，雙方一旦開口說話，往往會陷入爭執，若沒有在每次的爭吵中汲取教訓，將會淪於一場口舌之爭。無法接受此過程的父母，最終會成為不民主化的保守獨裁者。

03 原來，這才是爸爸晚回家的真相

從某種角度來看，小孩比大人聽到並接觸到更多事。即使他們過去看似完全不關心政治問題，但其實知道的不少，他們聽、看和做的事物，隨著年紀增長越來越多，吸收到的實際相關知識也開始超越童話和漫畫中的資訊。如果說，孩子在國小學到的是基本、標準和理想，那麼到了國中，便開始學習現實、改變和適應。

然而，在這種認知變化過程中，最受折磨的是父母。自己的兒女從可愛的幼兒變成

1 作者按：皮亞傑將兒童的認知發展階段分為感知運算期（零到兩歲）、前運算期（二到七歲）、具體運算期（七到十一歲）、形式運算期（十二到十五歲）。

2 作者按：是指可以提出假設及面向未來的思考，並且能綜合思考和邏輯理解的思考階段。

惡言相向的評論家，並刻薄的批評權威人物的不當行為，而最常被孩子批判的人往往就是父母本身。

「爸爸每天晚回家並不是因為工作，而是在喝酒玩樂。你自己都這樣，怎麼有臉嘮叨我不讀書？」

「媽媽會叨唸我是因為捨不得學費。這是媽媽想要，不是我想要的。妳覺得孩子屬於妳，所以可以隨心所欲命令我、不尊重我嗎？」

對於已經長大的小孩而言，世界看起來和以前截然不同，父母不再是過去理想化的樣貌，**在他們跌落神壇的情況下，子女經常用煩躁來表達自己的失望**。在這樣的失落感下，有些孩童會模仿家長過去對待自己的樣子，並在他們面前裝出了不起的模樣來予以譏諷。

這其實是一個自然的過程，但若子女反應太過嚴重時，爸媽當然會感到難過。儘管有些極度優秀的父母不用經歷此過程，但他們可能會延遲孩子的獨立。

此外，學校老師也經常成為孩子們批鬥的目標。

「真的不懂那種實力要怎麼繼續當老師，如果是我乾脆就放棄了。個性那麼糟，要我們怎麼尊重他？老師的人格必須很好才行啊！真是爛學校，老師憑什麼那樣對我們，有什麼了不起，煩死了。」

面對這些惡言惡語和不耐煩，如果老師們的反應是「他們怎麼可以這樣對師長，還說出這種話？」、「只是稍微長大一點就瞧不起大人了嗎？」便會陷入惡性循環。師長們針鋒相對的態度，會讓學生們認為這是一場輸不得的比賽，並想用更大的力量壓制和反擊。如此一來，肯定會爭吵得更加激烈。

雖然要面對這群刻薄的評論家非常辛苦，不過這是他們必經的成長過程，也是在了解世界真相過程中，承受內心痛苦的證據。

他們在長大的途中，會漸漸意識到世上沒有正確答案，也沒有理想的人，並因面對真相而難過。如果不經歷這種苦楚，孩子就會一直停留在幻想和童話中。我想，大家應該不會因為希望子女乖巧、順從，就要求孩子繼續活在童話故事的世界裡。

然而，確實有些人在父母的慫恿和自身的逃避下，選擇停留在童話世界裡。這些過度保護孩子的家長，只是把嬰兒車換成汽車、將糖果換成漢堡……而小孩一旦哭鬧或耍賴，他們馬上就會買東西安撫，導致雙方都陷在不健康的關係中。

即使成長過程非常痛苦，親子間也必須從童話世界中走出來，看清現實並保持適當距離。期間雙方可能都需要戰鬥，也會因此感到失落。總之，沒有無痛苦的成熟和成長，而親子之間明裡暗裡的心理戰和爭吵等，都只是自然的必經過程罷了。

04 你得當孩子的情緒垃圾桶

進入青春期後，孩子對父母有了新的認識，同時也開始建立自我意識。我在第三章曾提到，子女在幼兒時期便與雙親有過一次分離，青春期時則會再經歷一次。

此階段孩子的「自我」將從父母身上分離並重生，而「自我」和他人的界線也會變得更加穩固。隨著自我意識的增強，小孩將會越來越自我中心化，他們希望凡事都要問「我」、尊重「我」，並且在沒有「我」的同意下，不允許他人隨意命令「我」，當然也不能隨便看「我」的東西。

因此，家長不能隨意整理子女的房間，連觸摸他們的物品都得多加小心。**如果偷看了孩子的日記，就要有掀起家庭革命的心理準備。**在此時期，大人唯有尊重兒女們日益增強的自我，才能和平生活。

問題是，在空間和人數變小的現代家庭，時常因爸媽不夠尊重孩子所建立的自我界線而發生衝突。在人口數不多的小家庭裡，如果家長渴望窒息般的親密感，孩童就很難建構自我意識的世界。

如果父母將自身意志強行推給孩子，他們的自我空間就會變窄，如此一來，便無法形成健康堅強的「我」，而是變成受損脆弱的「我」。

而在大人移除自身意志後，將會導致孩子的自我認同感混亂。由於長期把雙親想要的東西誤認為是自己想要的，實際上，並不知道自己真正渴求的是什麼。而在成年初期陷入混亂的人，就是因為在青春期時，沒有獲得足夠認同感的緣故。

青春期是小孩開始大膽離開大人的認知轉變期。隨著他們睜開評判性的眼睛，過去理想化的雙親早已不再占據其心中偶像的位置。他們需要新的自我意識，因此開始將典範從爸媽轉移到其他人身上。為了離開父母，他們有時甚至會破口大罵，因此這時父母的忍耐力非常重要。

英國精神分析家比昂（Wilfred R. Bion）表示，家長的角色是涵容者（container），簡單來說就是垃圾桶，必須接受子女扔出來的壞東西。透過此進程，孩童可以安心成長，並覺得這世界值得生活。

如果你想成為接收孩子失望和負能量的大人，就得先把自己掏空。在此過程中，父母也很辛苦，但如果把這些東西丟還給小孩本身，他們就會再度被這些垃圾填滿。

青少年還有一個特徵，那就是他們會用心中的道德之尺，來衡量爸媽與師長，甚至與之爭吵，然而有時只是想與自己辯論，並非真的把爸媽視作吵架對象。

這是因為孩子感覺到，自己「超我」的要求，與父母或老師的要求一樣，所以想對此進行思辨，以確認自身獨立思考的能力，而非直接接受大人的想法。因此，當孩子提出嚴苛的道德主張時，請用以下心態接受其需求：

「我了解，你是為了建立屬於自己的新道德標準，所以在內心與自我爭吵。我知道你是在告訴自己，你不能再一味順從。」

05 好禁令與壞禁令

青春期是孩子正式獨立的時期，反抗是理所當然的事，但有些執著的父母仍會問：「我看其他人家的小孩依然相當乖巧，這又是為什麼？」

如果爸媽能好好接受子女，並且靈活、敏銳的配合其節奏，這情況是有可能發生。若是家長了解並相信自家孩子，自然會少用嚴格的命令和處罰，小孩自然也沒什麼好頂撞的，父母也不會因此覺得心氣不順。

如果大人希望孩童遵守自己的命令和標準，有時出問題的可能性反而會增加。有些父母會選擇信任、等待孩子，只有在做得太過分時，才會出口嚴厲告誡，也因此方能成為幾乎不被忤逆的明智爸媽。

然而，何時該相信，何時又該禁止，這條線確實很難拿捏。不僅是韓國，全世界的父母都有相同苦惱。雙方發生衝突的主要原因有七種：

- 回家的時間。
- 異性朋友。
- 成績。
- 零用錢。
- 不抽菸、喝酒。
- 不能缺席外出用餐或旅行等家庭活動。

以上應該都是各位的煩惱，那麼最後一個原因是什麼？許多韓國爸媽可能會說是「遊戲」，因為這方面的爭執在韓國特別嚴重。然而，在其他地區更常見的是與外貌、衣著相關問題，雙方產生牴觸的原因不外乎就是上述這幾種。

隨著孩子長大，他們會更加重視容貌和打扮，也會對異性朋友感興趣，所以零用錢和回家時間就是一大問題，同時開始缺席家人間的聚會或活動，並且不再聽大人的話好好讀書。另外，也可能在與朋友的聚會活動中，接觸到菸酒。對於這些問題，父母到底該怎麼做才好？

我認為，最好提前做好準備。在此提供大家一個小祕訣，就是千萬不要單方面做決定，而是在討論的同時，一邊理解小孩本身的情況，一邊共同下決定會比較好。

例如，子女希望生活節儉的你，買一個一百萬韓元（約新臺幣兩萬五千元）的包包送他，你會怎麼做？又或是他想買一件七、八十萬韓元（約新臺幣一萬七千元至兩萬元）的外套，但你這輩子都沒穿過這麼貴的外套，你又會怎麼做？

有些家長可能會覺得，不論是商人，還是要求買奢侈品的孩子，兩者都瘋了！究竟該不該買給孩子？難道說，即使家裡經濟狀況不佳，也要裝個樣子借錢購買嗎？

我聽說，還有許多親子衝突是手機所引起的。在要求購入高價手機的子女面前，不少大人因經濟問題，不知道該如何是好。

我建議可以直接告訴小孩，雖然自己有心想買，但實際情況並不允許，所以不是現在，而是等過一陣子再買。

不過，一般人的反應大都是「你竟然想買這東西，瘋了嗎？」或是「真不像話，只有腦子空空的膚淺小孩才會想買那種東西！」這種回應只會讓青少年心想，原來爸媽其實沒有為自己著想，因而感到失望和憤怒。

回到最初討論的問題，如果我們能拿捏得當，提出「好禁令」，就能保護孩子的自我和行為。然而，若是父母實行了「壞禁令」，則可能會傷害到他們。

好禁令指的是父母首先提出遊戲規則，並一起討論如何遵守，這樣孩子便能欣然接受。所謂壞禁令則是指大人單方面決定小孩難以遵守的東西，他們自然難以認同。

此外，不論是否共同訂定禁令，如果子女不服從，父母都不能馬上處罰他們，而是應該先問清楚情況，因為有時也可能會發生有心遵守卻無法達成的境況。因此，如果孩子有合理的理由，請寬容的告訴他們「沒關係」，如此一來，才會因信任彼此而更加謹守規定。

如果青少年某天晚上都沒有聯絡爸媽，直到十二點才回來，該開口教訓他嗎？我的建議是，在孩子進家門時，可以先表示擔心，這樣他們才願意開口。

如果父母拿著棍子等在家門口，當孩子一進門便劈頭問道：「你知道現在幾點了？

你是故意把電話關機的嗎？到底去哪裡、做了什麼，為什麼現在才回來？」那麼，小孩想解釋的心情將會瞬間消失，而大人再也聽不到晚歸的原因，雙方因吵架心情變得更差。在溝通如此不順利的狀況下，親子間只會累積越來越多的不信任感。

聽完我的意見後，大多數父母都會說我是天使，而我確實也看過不少天使家長，他們的子女會因雙親努力了解自己，進而產生信賴，並時常發起雙向溝通。

有些父母聽到這裡，可能會露出「天啊，這實在太難了，不能按照自己的喜好來處理就好嗎？」的表情。我想，這是再自然不過的心情，與青春期孩子相處真的很難，養育子女如同修行，是不斷與自己爭鬥的苦行。

06 父母世代與子女世代的差異

青春期子女和中年父母之間必然存在代溝。在老一輩眼中，青少年是無法被理解的生物。以下我列舉了幾個大人們在日常生活中，對於這群小孩的不滿：

「現在的孩子不僅喜歡罵髒話，甚至要先罵完髒話才願意開始說話。」

「現在的孩子不是先讀書再玩，而是玩完才讀書。」

「現在的孩子不是請父母先吃，而是自己先開動。」

「最近的孩子常常惹大人生氣，自己也會亂發脾氣。」

「最近的孩子常常把事情搞得一團糟，還要爸媽幫忙善後。」

「最近的孩子認為辛苦工作是父母的責任，自己只想做有趣的事。」

「最近的孩子講話都用縮語，常常聽不懂那是什麼意思。」

然而，從不同的角度來看，上述的抱怨其實是上一代的規則，也就是父母輩創造出的文化和價值觀。因此，與其說是小孩本身有問題，倒不如說是世代間的差異。

以下我將介紹一對因價值觀不同而發生衝突，前來找我諮商的父子檔的故事：

爸爸非常生氣的拉著兒子來到門診，因他認為在家裡大吵大鬧的兒子有精神疾病。

於是，我問這位父親：

「您說您的孩子瘋了，請問您看到哪些症狀？」

「他以前都能準時起床，做好該做的事，也能維持好身材並管理好自身物品，但現在卻什麼都懶得動，也沒有任何想法，這不是瘋了是什麼？我實在看不下去了！」

一旁的孩子轉過頭，露出非常不快且煩躁的表情。

接著，我問孩子說：「你父親這樣說你，你對他的意見有什麼看法？」

「爸爸真的很煩，對一切都感到不滿，在我看來，精神失常的是他。我的東西都不能放在家裡，因為所有物品都被他收走，但我根本找不到地方放。不僅如此，他還會一直檢查地板上有沒有頭髮，放假時也不讓我們睡午覺。不光是我一個人討厭爸爸，我們全家都討厭他！」

「這麼聽下來，感覺你爸爸很勤快、很愛整潔。」

兒子搶著回答：「才不是，他把家當作軍隊，什麼都要按照他的意思去做。為什麼我不能睡午覺？為什麼我的東西不能隨便放？醫生，你知道為什麼我今天要跟著我爸來這裡嗎？」

「為什麼？」

「因為我爸說我有病，而我也說他瘋了，因此我們吵著要來醫院做檢測，看看到底是誰精神有問題！」

爸爸則附和說：「對，我們倆都要一起檢查，如果不能拿出客觀證據一一改正的話，這個孩子別說是大學了，可能連高中都上不了，所以這次一定要從根本改變。」

我表示，不用著急做檢查，可以先好好聊聊，但兩人都堅持要進行昂貴的心理檢測，我只好幫他們預約，等結果出來再討論。

心理檢查結果完全出乎爸爸的意料之外。比起兒子懶惰、精神恍惚、無法好好整理東西，爸爸的不安、強迫和焦慮等，反而是更大的問題。雖然兒子的檢測結果處於正常範圍內，但如同其他家庭的問題小孩一樣，他的做事動機也相對低下。

父親之所以認為子女是患者，是出自於本身的焦慮，再加上無法從兒子身上看到他在生活中重視的原則，例如：勤奮、自律、合作和孝順……。換言之，從爸爸的立場來看，兒子連一點小事都做不好。

仔細觀察這對父子，他們之間的問題並不大，只是有許多些微差異。在貧瘠的土地上一路拓土開疆的父母，以及生在富饒土地上從小享樂的子女，兩者的價值觀本來就很難整合。

以勤儉為座右銘的大人，不能認同孩子的消費型態，就連許多家長最擔心的生計問題，也很少有子女會產生這類型的煩惱。當爸媽說：「你再這樣下去遲早會餓死！」實際上，小孩並不會去想自己是否會餓死，只會疑惑為何大人要說這種話。

圖表4-1　父母世代和子女世代的價值觀差異

	父母世代	子女世代
穿著	實用、耐用	流行、品味
飲食	飯、湯、重量不重質	炸雞、披薩、重視味道
讀書	拚死拚活	盡力就好
孝道	人生最重要的價值	各過各的人生
辛苦的工作	我來負責	父母的責任
主要顧慮	生計	擔心自己不夠有趣
手機	通話、傳訊息、時鐘	命脈
金錢	存下來	花掉
睡眠	為了工作盡量少睡	睏了就睡
懶惰	罪大惡極	創意的泉源
耐心	成功必備的美德	不知忍耐為何物
熱門電視劇	沒看也沒差	一定要看首播
吃飯順序	長幼有序	肚子餓的人先吃

看著不讀書，只玩遊戲、吃炸雞的兒女，父母心裡當然不高興。對於「一日不作，一日不食」的父母而言，可能還會因此氣到腦溢血。然而，孩子們只會困惑，為什麼爸爸媽媽要這樣對我？

雖然孩子們是在亞洲國家出生，卻是看著好萊塢電影長大，並在購物中心度過童年。看著美劇、英劇長大的小孩，自然而然孕育出與爸媽截然不同的西方價值觀，雙方當然很難理解彼此。因此，如果父母想理解子女，就必須先理解時代。

我在上頁圖表4-1中，羅列出許多價值觀差異，這證明了價值觀大不相同的親子間，要生活在同一屋簷下有多麼不容易。唯有多了解自家孩子所想，才能減少不便。

07 他已經盡力！只是做不到你滿意

下列是父母在診間經常說的話：

「為什麼你不先認真嘗試就說不行？」

「你什麼時候努力過？」

「我從沒見過你全力以赴的樣子。」

短短的三則語句裡，便有幾個小孩很討厭的字詞。「努力」和「全力以赴」是孩子們覺得非常無趣的字詞，而「不夠認真」是所有大人們碎碎念的根源。

當家長認為子女不夠認真和努力時，往往會備感失望，所以希望他們可以全力以赴。但孩子最討厭父母打出這張嘮叨牌，也覺得很煩、很囉唆。在這個基礎上，有些父親會比母親們更加執著。

「你從未拚盡全力，甚至具備獻出生命的決心，為何斷然說不行？」

然而，子女真的無法理解為何要如此努力，有些人還會反問說：「然後呢？還要我做什麼？」在父母所理解的「最佳」孩子標準與子女世代不同時，往往會感到鬱悶。

「你怎麼能說你已經盡全力了？考試前還去網咖，想睡就睡、想吃就吃，還戴著耳機讀書，這是最好的讀書方法嗎？我們以前讀書時，就連睡覺、吃飯的時間都捨不得，甚至一邊流著鼻血一邊努力，有時還會邊走路邊背書，每個人都是抱著必死的決心在讀書的！」

孩子們則回答：

「那是你們那個時代的事。我去網咖的時數已經比平常少很多了。肚子餓的時候，腦子會轉不過來，你們難道不知道嗎？我覺得這已經是我能呈現的最好狀態了。為什麼讀個書還要做好赴死的準備？讀書就是讀書啊！我真的已經盡力了！」

雖然大家會認為上述回覆實在太不像話，但這就是孩子們的真實心情。現在的小孩已經不是為了脫離絕對貧困的學習者，也不再將耐心和自虐混為一談。他們都生於富裕時代，並在大人的過度保護下長大。只有一小部分子女符合父母世代認定的最佳標準，我認為，這是時代的問題，並不是孩子自身的問題。

08 別把孩子當孩子，當客人

以下是一對因衣服問題而吵架的母女。進入診間後，這位國中二年級的女孩馬上開啟對話：

「我以後再也不和媽媽一起去買衣服了！」

「為什麼？」

「因為媽媽總是在購物中心大呼小叫，我覺得好丟臉。」

「妳媽媽究竟做了什麼？」

「這是媽媽第一次帶我去百貨公司，我真的很興奮，在那裡盡情的逛了一陣子後，媽媽說要去距離比較遠的Outlet，而我還想逛街，也想買東西，所以就跟著去了。

「到了賣場，媽媽告訴我，這裡的衣服和前一間百貨公司差不多，我心想：『看來媽媽是沒錢啊！』她卻突然走到展示架上拿起一件衣服對我說，這真的看起來和百貨公司賣的很像，我逐漸變得有些煩躁。

「後來，她開始問店員衣服流不流行、耐不耐用，然後我就生氣了，因為媽媽甚至大聲向店員確認這件衣服的縫線是不是真的做得很好，超級丟臉。我再也不想和媽媽去買衣服了，我想和朋友們一起去，媽媽只要出錢就好。」

我不確定是這個女孩說得太過浮誇，還是這位母親真是如此。但現在的孩童多半不想穿沒有品牌的衣服，即使只能穿便宜貨，他們也不喜歡公然在貨架上挑選。再者，這位母親在店裡大聲提出太多要求，一定會讓子女受不了。

我們這一代經常對辛苦的人說「我請客」，不過對於年輕一輩而言，很多時候請人吃飯既不能表達感謝，也無法賦予動機，甚至可能會覺得：「我又不是吃不起，幹麼還要你請？」

親子世代的激勵方式也各不相同。近來，最能給予孩子動力的是幫忙換手機。就連在職場也是如此，比起對年輕員工說「這次大家辛苦了，我請大家喝一杯」，更受歡迎的是「大家辛苦了，我們提早下班！」

當父母對考完試的孩子說：「我們去不錯的餐廳開心吃飯！」他們往往會冷淡的回應：「我只想和朋友一起吃。」之所以提出以上例子，我認為，大人們需要用與以往不同的方法激勵小孩，因為他們喜歡的獎賞和當初的我們截然不同。

然而，有些以自我為中心的爸媽，總是買給子女他們自己想要的東西，還反問他們為什麼不喜歡。事實上，唯有理解新時代趨勢的父母，才有辦法很快看穿孩子想要的是什麼，如此一來，他們也才會懷有感激之心；相反的，如果大人們不了解小孩的喜好有著世代差異，最終只會使親子關係更加惡化。

世代差異存在於日常各個方面，而親子問題從國小起便會逐漸顯現，不過那時孩子仍會按照家長的要求去做。等到上了國中後，情況就會改變，他們強烈捍衛自身主張，不接受爸媽的建議，如果繼續強求，親子關係就會爆炸。

小孩總是認為，若大人不幫忙買好的手機，就是不為其著想且不愛他們，也就是說，會將買好的手機與父母對自己的尊重畫上等號。

如果爸媽不了解這樣的世代差異，親子之間將會相互討厭並溝通不良。時間久了，許多父母或許會慢慢習慣，也會開始知道小孩為什麼會對大人們的作為不屑一顧，然而，即使理解也很難馬上改變。

所有世代都一樣，必須與有觀念差異的家人一起生活，所以請不要認為自己相當了解孩子，應該將他們視為外來的客人，可能才是最明智的方法。一想到對待的是客人，心情便不會如此鬱悶了。

紀伯倫也曾說過類似的話語：「**神將子女送到我們身邊，而我們只要能成為讓他們飛得更好更遠的弓就可以了。**」

有些父母覺得，既然孩子是自己所生，就會和自己完全一樣，想法也會差不多，但事實並非如此。不僅時代不同，孩子與父母更是不同個體。當然，我也清楚，部分家長即使表面上看似認同，內心一時也很難接受。

世人都期待親人能像自己對待他們一樣好，不過有時期望越高，失落就越大，因此適當的期待非常重要。為人父母最常見的失敗就是「高期待以及低養育技巧」，實際上，唯有「適當的期待與高養育技巧」才能變得幸福。

聽到我針對親子代溝所進行的演講後，一位父親說道：「理解時代，才能了解子女，這說的真是太好了！」是的，了解自家兒女不只需要發揮耐心，也是理解自己為人父母，以及時代和世代差異的綜合過程，而這能使我們變得更成熟，因此，請各位家長們不要因差異化而對年輕世代帶有偏見。

Tip

為父母翻譯青春期子女的心情

- ✔子女的批判和爭論並不是討厭父母，而是正在成長的證據，希望大家能對此感到欣慰。
- ✔如果不滿意孩子提出的意見，請邀請他們一起思考。好家長會經常對青春期子女說的話是：「請再多想想。」
- ✔當小孩要求買什麼或表示想買東西時，不要斬釘截鐵回覆：「不行！」可以告訴他們現在不是購買的好時機，並且一起尋找其他替代方法，來表達自己想買物品給孩子的心意。

✔ 請理解自家孩子和父母是不同世代。

✔ 請成為了解這時代趨勢的大人。

✔ 請成為能向子女學習的爸媽。

對成爲父母缺乏自信時

英國兒科醫生兼精神分析家唐納德・溫尼科特（Donald Winnicott）在談到「何謂優秀父母」時表示，平凡且具有奉獻精神的就是優秀父母。

世界上不可能存在完美家長，在失敗後不斷修正，並從中學習如何當爸媽。我們一次又一次重新認識難以理解的青春期子女，在此過程中，辛苦會越來越少，因為我們在了解自己和子女的同時，也會逐漸成長。

請大家這樣告訴自己：「大多數時候，我是很好、很溫暖的養育者。」

接著，對子女說：「我很愛你，你是如此有毅力，你已經做了很多努力，也做得非常好，好好休息吧！」

第 5 章

沒有人可以分享心裡話的孤獨世代

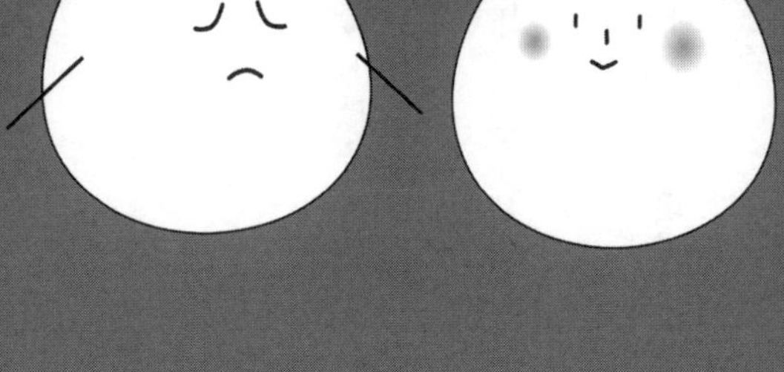

01 所有事情都是我媽決定，我不知道！

一名有氣無力、常常莫名跌倒的國二學生和他的父母一起來到我的門診。孩子面無表情的坐著，當我問他問題時，他總是盯著母親的臉，整個諮商過程都是如此。

不論我問什麼問題，例如：興趣、擅長什麼、為何會有氣無力……他都一直看著媽媽，臉部表情彷彿是在說「讓媽媽代表回答就好！」

因此，我直接問他：「好像不管我問什麼，你都只看著母親，是因為怕她？或者是你不想說，抑或是有其他理由？」

「我不太清楚，反正媽媽都知道。」

「媽媽能讀懂你的心嗎？你的心長在你心裡，不在她身上。」

「所有事情都是由媽媽決定，所以我不知道，我都是按照她說的來做，今天來這裡也是因為媽媽叫我要一起來。」

「原來如此，聽起來你的人生似乎都是靠媽媽，你有可以選擇或喜歡做的事嗎？」

「幾乎沒有，媽媽什麼都幫我決定好了，所以相關責任自然也要由她來承擔。」

一直默不作聲的母親嘆了一口氣後回答：「沒錯，因為我實在無法信任這個孩子，因此，到目前為止都是我來幫他做決定，但我不可能總是如此。如果放任他不管，他可能什麼都不會做，然後像現在這樣用媽媽當擋箭牌。」

這時，孩子突然主動開口：「所有的事都得按照媽媽的意見去行動，沒有一件事是我感興趣的，都是她覺得對我好的事，所以我當然不需要負責。不論我對什麼有興趣，媽媽都會干涉，所以我沒辦法隨心所欲的做自己。」

這是所有代替子女生活的父母都會面臨的窘境，而且這樣的諮商場景還相當常見。孩子除了依賴爸媽，什麼都不懂，若大人不下命令，他們就什麼都做不了，是很可怕的現象。

另外，我也很常看到如同父母的玩偶或機器人般的孩童，當他們進入青春期，接收到學校或社會對自律性的要求後，往往就會開始崩潰。

許多孩子小時候都希望和爸爸、媽媽生活一輩子，但多數人都會忘記自己曾說過這句話。這些依賴大人的小孩一旦成為青少年，不僅會丟棄想和父母永遠幸福生活的劇本，有時甚至會出言批評。從家長的立場而言，子女的行為就像喪失記憶的患者，而這也意味著他們正式脫離大人。

父母曾占據孩子心中非常大的地位，所以他們的心會因此變得空虛，也會首度陷入孤單，因為這是第一次脫離父母，獨自一人來到曠野。我認為，這正是青少年子女容易情緒失控，並且在裝腔作勢時，偶爾看起來沉悶的原因。

如果父母親切以待，孩子會害怕自己重回幼兒時期，因而選擇刻薄回應；若父母嚴格以待，孩子又會因爸媽不尊重自己而生氣。子女雖然希望家長理解自己，但又怕被了解所有想法，因而雙方時常處在對立的狀態。

看起來有點憂鬱的孩子們，通常也會有以下反應：

「你最近感覺有點情緒低落？」

「我沒事。」

「但你看起來有點累。」

「拜託，那只是妳的想像，妳好煩！」

「不是就好，真是萬幸。」

這時，他心裡可能想：「我確實鬱鬱寡歡，也很疲累，幸虧妳沒有深入挖掘。」

在和這樣的孩童互動時，絕對不能氣憤的說：「你每次都說沒事，到底何時才能好好和媽媽坦白？」如此一來，只會使小孩覺得「妳真的不懂我的心情，我難道非得什麼事都明白的告訴妳嗎？根本是在找碴，煩死了！」爸媽想理解子女並與之溝通的嘗試，最終往往以吵架告終。

孩子有點憂鬱並想一個人待著，其實是獨立和成熟的過程，由於父母不可能代替他們經歷，因此只要耐心等待即可。

青少年的憂鬱與成人不同

青少年時期的非典型憂鬱症，有時與成人的一般憂鬱症不同。

第一，不表達失落或悲傷。很多青少年在情緒低落時反而會說：「不知道，不想說，你好煩。」

第二，對拒絕過於敏感。因為害怕別人拒絕自己，所以青少年對此更加敏感，並且變得刻薄。尤其是對他人的目光相當敏感，有時甚至會突然語出驚人：「你為什麼那樣看我？你是不是看不起我？」

第三，情緒感染性。成人感到憂鬱時，很難對周遭人的情緒做出反應，但青少年仍會受到周圍情緒影響，因此他們看搞笑電視劇時還是會笑，看悲傷的影片時則會哭得更厲害，有時會讓人搞不清他們是否真的鬱鬱寡歡。

- 父母：「你看喜劇時還是笑得很開心啊，你確定你很鬱悶嗎？」
- 憂愁的青少年：「我真衰，連看個電視也要被找碴！」

第四，睡不夠、晚起、暴飲暴食、生活不規律。睡不著和食慾下降是成人憂鬱症的典型特徵，而非典型憂鬱症的青少年，在日常上反倒會變得不規律且衝動。

從表面上來看，這些孩童就只是懶惰、刻薄且自我放縱的不良青少年，所以大人們時常錯估他們的病情。

02 那些偷走孩子自我的父母

青少年時期非常重要的發展課題之一就是獨立，但我看過許多家長就連雞毛蒜皮的工作都要替孩子做，並且過度保護他們，也不會給予子女個人空間，而是指定他們該做的事，甚至左右其興趣。

孩子們將因這種病態的親密關係而失去自我，因為他們在按照大人意願生活的同時，也將自己人生的責任交給對方，這是非常危險的交易。然而，這種依賴和共生往往會持續很久，小孩表面上雖不會感到空虛或寂寞，卻容易覺得喘不過氣。

克里斯多福·波拉斯曾針對上述行為表示：「所謂偷走孩子自我的父母，指的是大人奪走小孩的自主能力，並為其擔負責任的行為，這樣一來，即使子女的身體長大，他們的心智和人格卻不會成長。」

決心不再回到爸媽身邊的孩子，會強烈抵抗，即使父母想以愛之名偷走子女的自我，他們仍會為了守護自身獨立而戰鬥。如果爭鬥方式太過粗暴，孩子甚至會選擇毀滅自己。

過度保護並不是愛的表現，而是阻礙成長的破壞性行為。青少年子女需要的並不是父母餵奶給他們，而是希望透過雙方對話，進一步引導方向並協助自立，因為孩子在實現內在獨立時容易感到不安。

雖然每個人的感受有所差異，但這仍是過去從未經歷過的新情緒，因此，哪怕只是微弱的燈光，他們也需要大人們的指引。

過度保護雖會阻礙孩子的成長，然而逃避或放任也會妨礙孩子的成長。如果子女得不到任何關心，他們可能會在錯誤的道路上徘徊，找不到目的地。在不依賴的情況下，家長有責任引導孩子們獨立成人。

進入青春期後，小孩已經能自行吃飯並做好自我管理，所以有些父母便會開始放任不管。有完全放任型的父母，也有委託專家型的父母，即孩子遇到困難時，就交給專業人士處理，並將責任歸屬寄託在專家身上。

不過，專家終究無法取代父母，即使可能出現可以模仿父母的專業人士，但將孩子推給專家，並沒有辦法促使他們健康的獨立，只會有被拋棄的感覺，同時失去大人的關心和支持，而漸漸失去活力。

爸媽需要不斷照顧兒女並給予支援。當孩子像洩了氣的皮球時，父母要能夠為其加油打氣；陽光太強時，要成為能為其提供遮蔽陰影的大樹，還必須抵禦颱風或海嘯，直到他們完全獨立為止。

有些青少年一邊吵著要獨立，一邊卻無法完全放棄依賴。此時，父母的焦慮和孩子的歇斯底里相互碰撞，並給彼此帶來很大的傷痛。這是青春期最嚴重且紛亂的衝突之一，其結果往往會留下傷痕累累的依賴關係，只因雙方都太孤獨了。

從大人的立場來看，接受小孩的內在獨立需要克服自己對子女的依賴。然而，我們周遭有仍不少病態家長不願意讓兒女獨立自主，因為唯一能讓他們感到快樂的正是子女本身。

孩子們在轉大人後，必須為了從爸媽那裡獲得獨立而戰鬥，因此，親子間在對話時，最重要的是，不使彼此造成太大的傷害。許多精神分析師表示，父母必須消化孩子的各種心情，如果孩子吐露負面情緒，請不要直接還回去，而是予以包容。

請想像當孩子肚子不舒服嘔吐時，父母親卻生氣的對他說：「你居然向我吐，我也要對你吐！」我想應該不會真的有人這麼做。孩子無緣無故生氣、煩躁、沉悶等，都只是由於他們的內心消化不良。因此，父母應該接受小孩心中吐出的情感，並幫助其收拾情緒。

03 「能不能不要管我」這句話背後的意思

失去偶像會很悲傷，就像當人們失去神，通常會陷入恐慌狀態，或是被信任和依賴的朋友背叛時，也會感到難過。隨著子女逐漸了解父母的真實面貌，爸媽的偶像光環將會慢慢消失，孩子們也會因此處於恐慌且空虛的狀態。

從幼兒到國小，小孩總是高喊：「我將來要和爸爸一樣、我要成為像媽媽般的人！」然而，一到青春期，這樣的崇拜幾乎消失得無影無蹤。家長們時常抱怨：「孩子昨天還在說爸爸媽媽很棒，怎麼今天就嫌我們很煩，這到底發生什麼事？」我認為，這不是一、兩天的問題，而是小孩轉大人後，內心逐漸產生了變化。

子女不再將爸媽視為偶像，從這個時期起，他們開始把同學或老師視作新偶像，而父母的地位也將被同學、老師、偉人或前輩等所取代。

你覺得很空虛嗎？還是覺得很荒謬？像現在這樣，對於只有生一、兩個孩子的家庭而言，父母親不再是子女重要的存在。這讓你感到生氣嗎？還是你認為絕對不能如此？在孩子上大學、結婚生子之前，都不打算讓他們獨立了嗎？或者說，你連子女的下一代也想一起養大？

縱使大多數家長都有類似的心情，但培養子女獨立，才能使他們茁壯成長。爸媽不能吞噬子女，否則他們無法好好長大，也不能過度束縛，使其無法做自己想做的事，或是將子女作為實現自己欲望的工具等，都將會掏空孩子。

在此過程中，聰明的父母會靠邊站，選擇作為一位好教練。現在是時候將比賽交給選手自己了，我們只需要給予一些建議和指導，並鼓勵和支持他們。

在競賽過程中，如果孩子漂亮進球，他們首先會與觀眾席上的愛人、朋友或其他人慶祝，接著才會擁抱教練，因此我們只要給予熱烈的掌聲，並感到自豪就可以了。若是因為子女先給遠在觀眾席的朋友或愛人飛吻，就因此心生嫉妒，那麼只會使親子雙方感到尷尬。

別急著擔心孩子會就此遠離，這些改變只是親子關係的比例和形式產生變化，絕不代表關係斷絕。我們只須尊重孩子，並維繫關係即可。請不要因小孩不像以往那樣依賴自己就停止關心，他們歡迎父母的關愛，只是不喜歡被干涉罷了。

一到青春期，孩子們經常掛在嘴邊的話之一就是「能不能不要管我！」不過，這句話並不表示無須關懷他們，而是請大人不要過度干預和執著。

04 難以抗拒的打卡誘惑

當今時代充斥著各種社群媒體，韓國有所謂的六大社群媒體，包含KakaoTalk、臉書（Facebook）、Instagram、推特（Twitter）[1]、YouTube，以及新崛起的抖音（TikTok）。透過這些，孩子們就能不再孤獨了嗎？還是會變得更憂鬱和寂寞？

許多研究人員並不積極尋找上述問題的答案，只是探討「按讚和分享成癮」的現象。我認為，社群媒體給孩子帶來煩惱的因素主要分兩種，一是身分認同混亂，二是比較之下所帶來的痛苦。

1 編按：二〇二三年七月起更名為「X」。

網路上看似有許多朋友，但實際上，社群媒體中的人際關係非常複雜。有些「臉友」就像是真正的友人，在現實中也扮演著重要角色，不過大多數情況並非如此。這不只會加深小孩對自己和他人的誤解，如此真實又虛幻的體驗，往往使青少年備感失望。

更嚴重的是，社群媒體有著各種照片，造成社會比較（Social Comparison Theory）[2]的痛苦。分享美味的食物、好看的衣服、和家人朋友幸福和睦的照片……雖然顯現出積極正向的一面，但也會給孩子帶來羨慕、自卑和嫉妒等負面情緒。

青少年會勉強自己留下許多打卡照，再加上網紅的行銷刺激，因而無法脫離較量的世界。來自比較的負面情緒，使人產生相對剝奪感（Relative deprivation），也會導致過度消費，令人感到狼狽，因此，很多諮商師和學者紛紛出來批評社群媒體成癮問題。

我們的孩子迫切需要擺脫社群媒體的方法，並透過培養現實生活中的真實關係，方能實現平衡內心的眼光和智慧。

05 青春期怎能少了友情？

成為青少年後，最明顯的變化就是人際關係，到小學為止，朋友的地位一直都排在父母之後。一旦進入青春期，同齡者的重要性便會變得越來越大。在此階段，孩子第一次開啟有意義的人際關係，同時也是他們首次邁入以朋友關係為主體的生活。

事實上，說**國中是奠定所有人際關係的原型**一點也不為過，因為之後各種關係的建立，皆會以當時的經驗作為借鏡。因此，若沒能在這時期好好發展同齡關係，往後也會

2 編按：是美國社會心理學家利昂・費斯廷格（Leon Festinger）在一九五四年提出來的構思，是每個個體在缺乏客觀的情況下，利用他人作為比較的尺度，來進行自我評價。

就此遭遇到困難。

美國精神科醫師蘇利文（Harry Stack Sullivan）主張，從前青少年期（preadolescent）到青春期初期，必須有非常親密的同性、同年齡層的朋友群，如果沒有，將會對孩子的發展和成熟造成不良影響，且以後更容易罹患精神疾病。

他將此稱之為「密友關係」（chumship），指的是同性、同齡人間緊密的互動關係。他進一步表示：「密友關係能使青少年透過他人的眼睛看待自己，也是賦予體驗真實親密感的機會」。

換言之，同性摯友取代了父母，成為孩子第一個內在關係的經驗，這不僅是對自我價值的認識，也是實際認識自我的過程。與好朋友交流能造就「我」的誕生，並在得知其他同伴也有和自己相同的孤獨感時，備感安心。

同時，摯友也會代替爸媽，成為青少年對話的夥伴。不僅有能分享心聲的聊天新窗口，也會透過比較自己與朋友、父母的想法，產生判斷人事物的重要依據。

同儕和摯友的影響比我們預想的還要大，孩子的精神世界從父母走向朋友，所以我們經常可以聽到他們說：「不只我，其他朋友也都這麼做！」從這些話語中我們可以看出，青少年有多麼依靠朋友。

到小學為止，小孩只要有爸媽就夠了，但等到上了國中後，他們需要的是友情，而這也是讓青春期子女們在生活上少一點痛苦的重要元素。

班上的朋友、有共同嗜好和興趣的朋友、一起上小學或是在同一個社區長大的朋友等，孩子會在不同型態的朋友群體中受到影響，且不受父母和老師的掌控。如果朋友關係被雙親或師長完全控制，孩子便難以社會化，因為這是他們必須克服的學習過程。

孩子體驗並學習友情，而青春期正是獲得新歸屬感和力量的時期，如果此時人際關係出現問題，他們會受到很大的衝擊，若關係惡化或失去友情，不僅會相當徬徨，也會很難度過青少年時期。

06 孩子交到壞朋友，多數與父母有關

青春期沒有朋友，如同幼兒期沒有父母，日常生活必然會過得很艱難，也將承受巨大痛苦。沒朋友或被排擠的孩子，將會感受到人生的殘酷。別人離家時，都是成群結隊的穿越曠野，自己卻只能獨自一人走過。在接下來五到六年的歲月裡，也都要一個人獨來獨往，真是一種可怕的經歷。

有些小孩並不覺得朋友重要，排除天生的傾向，這類孩子不是過分在意爸媽的干涉，就是想在他們的保護下安於現狀。

另外，也有可能是由於同理、讓步、協商和關懷等，發展人際關係所需的社會能力不夠成熟才會如此，因此不得不依賴父母。如果不希望孩子因沒朋友而感到孤單，就要

協助他們擁有可替代的東西。

孩子沒朋友有許多原因，被排擠可能只是其中之一，所以我們不該給任何人貼上標籤。有些小孩是因為具有與同儕不同的特殊困難或誤會而被孤立，如果我們不能打造具備包容性且尊重多元文化的寬容，有差異或獨特的孩子就會成為被霸凌的對象。

這是我們需要解決的結構性問題，若無法克服，整個社會將會變成沒有活力、充滿仇恨的社會。

小孩雖然有朋友，卻交到壞朋友，絕大多數與父母有關。雙親越不接納子女，越少與孩子對話，他們對朋友的依賴度就越高。因為對父母反感，越容易模仿只有大人才能做的行為，要戰勝對方的心情也會更加強烈。

若親子關係良好，孩子就不太會成為問題少年，由此可見，交到壞朋友，終究是壞父母所導致的結果。

這些問題少年們表面上看來，是以深厚的義氣和友情集結而成，但實際上並非如此。他們的關係是由力量大小所決定，由於青少年文化是以先前與成人們互動累積的經驗為基礎，因此彼此之間充滿了詭計、背叛和謊言。唯有青少年本身失去對這種關係的狂熱，他們才能慢慢脫身。

然而，和壞朋友往來後，大多數孩童都很難遠離，所以有部分父母透過搬家的方式來解決此問題。幫助孩子離開問題少年共有的犯罪意識和世界，並使他們擺脫依靠彼此的幫派，其實並不如想像中容易。

唯有父母深刻改變，並用愛深深打動孩子，他們才能重新找到自己的道路，否則這些問題少年往往升上高中後，依然還是問題少年，甚至有些人會成為暴力組織或犯罪集團的一員。

如果你很擔心孩子沒朋友

1. 對朋友數量的誤解

孩子不需要有很多朋友，父母們也不須擔心他們不夠受歡迎，因為朋友數量、自身人氣高低，以及是否有良好的人際關係等，並沒有絕對的因果關係。

2. 培養最好的朋友

最要好的同儕是不可或缺的青春夥伴，若想交朋友，就需要付出時間與心力來和對方好好相處。

首先，要先多與朋友接觸，接著要多看對方的優點而非缺點，並且表達好感，如此一來才能建立關係。請注意，朋友不會百分之百和自己一樣，因此不能期待對方在各方面都完美無缺，符合自己的標準。

3. 不要過度干涉子女交友

首先，要肯定子女交了善良的朋友，並告訴他們不論人際關係有什麼變化，都可以隨時和大人們說，這樣一來，孩子才更願意吐露自己在交友上的煩惱。當我們努力帶來好的影響，子女的朋友關係也會有正向發展。

如果直接介入或太深入子女的交友問題，他們反而會選擇隱瞞。父母們可以間接介入，例如：透過提出人際關係的建議，鼓勵小孩積極談論朋友問題。

07 網路與追星，成了友誼替代品

男孩在人際關係上遇到困難時，最常見的逃避方式是玩網路遊戲，而女孩則是追星，尤其是獨生子女或是沒有朋友的孩子更容易陷入這種狀態。

網路遊戲成癮（Gaming disorder）是沉痾已久的社會問題，關於其原因和治療方法也有許多討論。其中，與孤單相關的探討雖不夠完整，卻是非常重要的著眼點。

當孩子陷入無法忍受的孤獨時，遊戲是撫慰孤獨的最有效活動。多項研究結果顯示，大多數沉迷網路電玩的孩子有以下幾個特徵：

・獨生子女。

- 生於雙薪家庭。
- 與爸媽關係疏遠，沒什麼感情。
- 沒朋友，且父母年紀偏大。

過度沉迷偶像，甚至追逐藝人私生活的孩子中，絕大多數是女學生。這些人為了追星，幾乎放棄學校生活。比起父母或朋友，他們覺得將明星們當作神一般侍奉更為重要。他們為了偶像存錢、偷錢，常常去看演唱會，或是徘徊在藝人的家周圍。

這些小孩接受諮商時，多半表示自己真的很孤單，所以才會尋找情感投射的對象，並在追星的過程中，陷入想從藝人那裡得到愛的幻想之中。由於現實生活過於貧乏，故而導致他們瘋狂追星。

面對青少年們在青春期所做的瘋狂事，其實並不需要嚴格禁止或視為大問題。如果情況不誇張，我認為值得予以支持。然而，若是已發展成病態的執著、過度無理且不現實的幻想，那麼孩子終究會受傷、失去活力，最終只會留下被拋棄的感覺。

親情或友情，或多或少都會造成空虛感和悵然感，關係越不順利，小孩追求和幻想荒唐關係的渴望就會越強烈，因為家庭和學校都不存在能使其感到滿足和舒服的人。

我曾遇到一個因沉迷遊戲而荒廢學業的國二男孩，父母帶著多次逃學的他來醫院。孩子說他經常熬夜玩電玩，所以很難起床上學。有一次住院時，由於不能玩遊戲，所以感到渾身不舒服，但幾天後就沒事了，並要求換到單人房。

男孩不僅沉迷遊戲，他在與人相處方面也有很大的困難。我仔細和他聊了一下，他表示自己從小五起就被排擠，不過他也強調自己並非無法融入群體，還聲稱其實還是有很多朋友，與人相處融洽。

住院兩週後，他要求所有人給他一次機會，出院後會乖乖上學並和朋友見面，也會少玩電玩，父母聽了之後很心動，便同意了。

然而，不出一星期他便重蹈覆轍，因此只好按照約定重新住院。

幾天後，男孩這才坦白，除了一、兩名摯友之外，他在學校沒有其他朋友，也不知道該如何與同學相處。因為他覺得自己與其他同學在許多方面存在差距，所以很難交到知心好友，他甚至感覺和現在的兩個朋友，也沒有想像中親密。

他小學被孤立後自信心下降，即使上了國中，仍害怕與人相處，是電玩幫助他忘卻恐懼，也因此迷上了遊戲。然而越是如此，他就越覺得自己和其他人不同，也越難和同學們相處。

經過多次討論，男孩最終去上寄宿型替代學校。他在小規模的校園裡接受老師的指導和幫助，過了一學期後，他看起來好多了，雖然仍在玩電玩，不過他交到了有相同興趣的朋友們，甚至計畫在放假時和他們一起去旅行。有了可以感受到歸屬感的同儕後，他成為可以自信說出這些經歷的小孩。

這位孩子的經驗應證了我的假設，那就是治療網路遊戲成癮的其中一種方法，就是獲得朋友。

08 朋友是第二家人

朋友，是幫助孩子在青春期產生社會自我的必要元素，所以不能沒有友情。嘮叨子女不要因朋友而浪費光陰的父母，並不真正了解人生。友誼很珍貴，因為這能帶給孩子全新的歸屬感和認同感。

如果國一、國二時無法擁有好朋友，小孩不僅會比我們想像中痛苦，甚至還會威脅到他們的自我認同感。大人們要做的是，教導孩子如何交友、建立友情，並且好好相處的智慧。因為在離開爸媽後，橫越這座名為青春期的橋梁時，能成為孩子的墊腳石，使其不掉進水裡的第一個同伴，就是朋友。

經歷新冠疫情後，憂鬱、孤獨、不安、缺乏社會歸屬感等，成為社會更加注目的焦點，尤其缺乏歸屬感及強化孤獨感，是將青少年推向憂鬱情緒的更大主因。

韓國青少年特別無法融入除了學校和家庭以外的社會群體，因此容易感受到更大的寂寞。雖然許多孩子花費大把時光在補習班，但很少有人會對補習班產生認同。在他們的生活中，也幾乎沒有宗教、地方組織、社團，或是像大家庭共同體等補充或替代歸屬感的機關、組織或群體。因此，青少年的生活變得單調，人際關係的匱乏也大大影響其日常。

一旦青春期缺少朋友和集體歸屬感，將對形成認同感、自豪感等方面造成很大的障礙和困難，並破壞孩童的心理安全感。好友是孩子的第二家人，朋友圈則是創造認同感的社會安全基地，其具有以下幾個功能：

- 情感連結。
- 歸屬感所帶來的心理安定感。
- 社會支持。
- 緩解壓力的管道。

- 分享或刺激學業及各種活動。
- 一起玩樂。
- 學習社會技能和規範。
- 共享與提供資訊。

將能帶來歸屬感的團體介紹給子女，是提供他們心安和幸福感的方法之一。當然，這個群體必須是孩子有好感且有興趣參與的團體。

曾經有位母親在演講中問了這樣的問題：

「我知道朋友真的很重要，但我的小孩很敏感，很少和我談論他的友人。即使偶爾提到，他也會擔心我說他朋友的不是，我該怎麼辦才好？」

在子女談論到朋友時，爸媽必須肯定孩子所交往的朋友。因為他們將友人視作自己，如果父母說朋友的壞話，他們便會覺得自己也是壞孩子。所以，若大人們對小孩的朋友不好，將會惹他們不快。

即使不滿意孩子交的朋友，也必須以「對方應該是不錯的孩子」的態度應對，並且告訴他：「你的朋友似乎很善良。」如此一來，孩子才會願意分享朋友圈。

另外，若家長過於想了解詳情，也會讓子女退避三舍。父母需要具備的態度是，只聽孩子當下說的，其餘的等之後想說時再仔細聽就好。

演講時，還有聽眾問了以下問題：

「請問我該如何介入孩子的人際關係？我真的不希望他和某人往來，不過孩子卻跟對方很要好，我到底要怎麼做才能讓他交到更好的朋友？」

爸媽不能直接干預子女交友，只能間接監控並介入，例如：告知孩子自己交朋友的經驗，或是建立友誼的智慧。

我推薦「共同父母角色法」，也就是說，經常邀請孩子的好友來家裡玩，並表現出認同兩人的關係發展，這樣一來，不僅子女能藉此感受到父母對自己的關懷，爸媽也能同時監督小孩的交友情況。

接著，進一步與對方的家長保持聯絡，討論且共同應對相關問題，使雙方發展出良好的人際關係。

我之前曾聽過一個例子。起初，有三、四個同學放學後，都會相約去網咖。之後，其中兩名孩子的父母互相聯絡，並約定兩家人放學後一起去麥當勞或一起吃烤肉，最終，他們去網咖的次數減少了許多。命令青春期子女不要和朋友見面，不僅會傷害親子關係，也不是最有效的方法。

09 青春期的大腦正在施工

談到青春期，就必須談論身體和大腦的改變。了解大腦變化，不僅有助於理解這時期的孩子們，還能知道該如何勸告他們。

從物理的角度來看，青少年腦細胞之間的連結發生了結構上的巨大變化；從化學的觀點而言，包含第二性徵等相關荷爾蒙在內的激素及神經傳導物質，皆推動著大腦改變。我將近來學術界有共識的青春期大腦變化整理如下：

1. 突觸剪枝的效果——越用越發達

青少年大腦中的突觸（synapse）[3]會突然大幅增加，因此大腦中多個神經元

（neuron）[4]的連接網路也隨之暴增，青春期過後則會逐漸減少。這種神經網的修剪，直到成人初期都會發生。當大腦常用的神經網越發達，不常使用的腦神經網則會透過剪枝（pruning）[5]而消失。

換言之，青少年時期，如何利用大腦很重要，且與大腦生理機制息息相關。如果此時期孩子都在玩遊戲，幾乎不去探索自然，那麼遊戲相關，也就是與成癮有關的神經網路，便會生存下來，但探索自然的腦神經往後則會因剪枝而消失，難以再被運用。

2. 使人身處危險的睪固酮

孩子在青春期時，與第二性徵相關的性荷爾蒙睪固酮（Testosterone）[6]分泌會激

3 作者按：位在兩個神經細胞之間，或是神經細胞與內分泌細胞、肌肉細胞傳達神經衝動的部位。

4 作者按：指的是神經細胞。

5 編按：是機器學習與搜尋演算法中，藉由移除決策樹中分辨能力較弱的節點，而減小決策樹大小的方法。

6 作者按：製造男性魅力的荷爾蒙，在青春期劇增。男性產自精囊，女性則由卵巢和腎上腺少量分泌。這不僅與性衝動有關，也與青春期的青春痘有很大的關係。

增，同時大腦的多個部位也會受到其刺激。睪固酮使肌肉開始發展，脂肪分泌腺也變得發達，並透過人的體液散發出氣味。男孩的睪固酮分泌是女孩的十至十二倍以上，因此前者的危險或攻擊性行為會增多。

3. 追求攻擊性行為的多巴胺

在青少年時期，使人感受到幸福和興奮的多巴胺（dopamine）[7]會減少，因此孩子們會追求增加多巴胺分泌的事物，來感受到幸福和刺激。促進多巴胺分泌的活動有：危險、攻擊性行為和給予獎勵等。特別是青春期的男生，由於大腦中多巴胺的分泌減少，很容易做出危險的舉動。

4. 使調適能力出現差異的血清素

青春期男女分泌與調適、判斷和情緒有關的血清素（serotonin）[8]各有不同。一般來說，男生分泌的血清素比女生少，所以，其適應能力可能會更差一些。

5. 讓人晚睡且白天昏昏欲睡的褪黑激素

轉大人後，人類的褪黑激素（melatonin）[9]分泌模式會與兒童期和成人期不同，改成在白天逐漸上升，所以有些孩童白天一到學校就會開始打瞌睡，而深夜卻很清醒。

6. 使行動比思考先行一步的海馬迴和杏仁核

此階段孩子們的前額葉[10]與大腦其他部分尚未充分連接。大腦各部位傳達的訊號和刺激應於前額葉判斷、思考和省察，但監控、調適和編輯

---

7 作者按：存在於中樞神經系統的神經傳導物質，也是腎上腺素、正腎上腺素的前驅物。不僅可以傳達神經訊號，還參與慾望、幸福、記憶、認知、運動等多方面的大腦調節。如果大腦中多巴胺過多或不足，還會誘發ADHD、精神分裂症、痴呆症等。

8 作者按：神經傳導物質之一，不僅與血管收縮有關，也與情緒、調適力、食慾和憂鬱症有很大的關係，因此有「幸福神經傳導物質」的別稱。

9 作者按：大腦中產生的荷爾蒙，能調節睡眠和生理時鐘，對性激素也有影響。

10 作者按：位在大腦前側，是動物進化後逐漸發育的大腦部位。與其他動物相比，人類擁有最發達的前額葉。在功能上，前額葉主要負責與思考相關的高等功能。

功能等，仍處在微弱的狀態。

因此，大腦中的海馬迴（Hippocampus）[11]和杏仁核（Amygdala）[12]會對特定訊號或威脅更快做出反應，這就是為什麼我們經常看到這個時期的小孩不經思考就立即反應。而這也是心理學家丹尼爾．高曼（Daniel Goleman）所說的「低路（low road）」比「高路（high road）」較為活躍的原因。

丹尼爾在談到社會智商時表示，社交熟練度越發達，思考能力越強，大腦便越能發揮高層次思考功能，也就是高路，然而越衝動，則越容易利用海馬迴和杏仁核反應的低路路徑[13]。

另外，海馬迴和杏仁核也與記憶和行為有關。海馬迴沒有足夠的功能調節衝擊性記憶，杏仁核則可能引發突然且衝動的攻擊反應，且會刺激腎上腺[14]，使其分泌激素[15]，以提高壓力強度。

成熟的大人會利用前額葉來解讀他人的表情，相反的，青少年更常使用杏仁核，因為他們的前額葉可加工、判斷的資訊不足，所以較難解讀複雜的情緒。

7. 重視溫暖連結的催產素

催產素（Oxytocin）[16]被證實為與愛和關係有關的荷爾蒙，因此備受關注。男孩們在青春期時會大量分泌睪固酮，女孩們則分泌較多的催產素，所以後者會更加重視關係往來。雖然男生也會分泌催產素，但與女生相比非常不足。

11 作者按：海馬迴是向大腦其他部位傳達訊號的重要運動神經元，與學習和記憶有關，負責調節情緒、行為和部分運動。

12 作者按：杏仁核屬於大腦邊緣系統（limbic system）的一部分，在處理與動機、學習和情緒有關的訊號方面發揮著重要作用。

13 作者按：這是丹尼爾．高曼在其著作《社會智商》（*Social Intelligence*）中的描述。經由前額葉的高路指的是透過高等思考功能啟動的大腦功能，低路則是指在不經過前額葉而啟動的反射性、情緒性大腦功能。

14 作者按：左右腎臟上方的內分泌腺，會分泌腎上腺素。

15 作者按：腎上腺素分泌的皮質醇會在人感受到壓力時增加，從而影響身體各部位。

16 作者按：腦下垂體後葉分泌的激素，與子宮收縮和分娩有關。近年來，被稱為與愛相關的荷爾蒙。

10 男孩女孩「腦」不同

男女大腦發育的差異，在青春期會更加顯著，也許這也代表男女大腦在演化上的不同。女性更務實且早熟，可能是因大腦發育比男性稍快。長大後，兩者在成熟度上的差異便不是依據性別，而是每個人都各不相同。

有關男女大腦發育的差異，主要分成下列十種：

第一，女生的大腦活動比男生多出一五％到二〇％，且更常運用大腦連接網絡和神經中樞。

第二，男孩阻斷大腦活動的次數比女孩多，所以發呆的時間也更長。

第三，男生會受到更多活動的刺激，很難持續安靜、專注的做事。另外，男孩們大腦右半邊的空間中樞比女孩們發達得多。

第四，男生會分泌較多睪固酮，女生則會分泌較多催產素和血清素，因此，前者可能更具攻擊性，不太以關係為中心，也更難調適情緒。

第五，女生更常使用語言和情緒中樞，男生則更常利用與行為相關的中樞。

第六，男孩較常使用經過海馬迴和杏仁核的神經迴路，女孩則是使用前額葉。

第七，女生更能同時做好多個任務，這代表她們可以一次使用多個中樞，然而男生一次只能使用有限的中樞。

第八，女孩的小肌肉發展得更快一些，故寫作和畫畫等活動，能更早做好。

第九，男生的海馬迴活動性不如女生，所以他們記不住相關事件，但女生可以利用更多相關記憶做更好的應對。

第十，男孩的神經傳導物質和荷爾蒙分泌不規則，高低波動較大。女孩則反之，透過這種荷爾蒙分泌模式也可以看出男生較難預測。

綜觀而論，男生比女生需要更多支援、幫助和適當的照顧。這樣看來，女孩在國中、高中日益嶄露頭角，可能是受到學校體制本身的影響。尤其是像亞洲國家這種長時間坐在教室內，且在沒有刺激的情況下，需要長時間專注學業的系統中更是如此。

以上介紹了青少年時期大腦各種具代表性的變化及特徵。很多大腦科學家將青春期的大腦比喻為「正在施工的大腦」，藉以說明大腦所發生的急劇變化。

隨著大腦持續生長，會進行爆發性的荷爾蒙分泌和持續性的突觸剪枝，而作為指揮官的前額葉發育仍不夠充分，並在未成熟的狀態下工作。一言以蔽之，就是由缺乏訓練的軍官，負責名為青春期這場戰鬥的指揮，所以孩子們會反覆經歷失敗、失誤、戰敗和勝利。

所有青春期問題行為的背後，皆是這種大腦生理運作機制，如果我們可以好好掌握，即使在前額葉無法正常運作的狀態下，也能打造出幫助孩子更加穩定發展的系統。

Tip

為父母翻譯青春期子女的心情

✔ 請明確告訴子女什麼可以做、什麼不能做，這是學習自律和責任所必須具備的認知。但請父母記住，如果禁止的事太多，就沒用了。

✔ 請不要罵孩子的朋友，因為他們會認為這是在批評自己。

✔ 玩網路遊戲和追星，都是青少年撫慰空虛心靈的行為，沉迷於這些東西時，其實內心是孤獨的。

✔ 請了解青春期經常被使用的大腦功能會越來越發達，並向子女說明這些部位將會大幅成長。

✔ 請減少指責小孩生理上的變化。例如，睡眠時間增加是懶惰，皮膚問題是不夠愛乾淨等，這些都是禁忌。

第 6 章

孩子們想對父母說的話！

01 沒有人打從一開始就想躺平

「我的孩子根本不像孩子，他既沒有好奇心，也沒有挑戰欲，還很怕麻煩。」

「我的小孩很明顯對未來沒抱什麼希望，因為他對每件事都沒有熱情。」

「現在的孩童非常怕吃苦，只想過得舒服一點。」

不知從何時起，我經常會聽到委託諮商的父母或老師抱怨上述的話。如果說一九九〇年代的諮商，是以與青少年行為問題或藥物濫用的「衝突」為主題，那麼現在則是與青少年「無欲望、無挑戰精神、無希望」等「缺乏」議題有關。

我們的社會越來越富裕，國民所得也越來越高，但為何小孩會有這樣的匱乏？

我認為，孩童問題反映出社會問題，雖然學者們對於如何定義時代有不同的立場，但我覺得現在正是不足的社會，而這會讓人有種無力感，且產生憤世嫉俗的態度。我並非社會學家，但我想根據我的臨床經驗，輔以相關諮商案例，講述造成這種缺乏的社會心理因素。

．導致孩子缺愛的家庭結構

首先，我要說的是最常被討論的家庭結構變化。根據韓國統計廳調查各年齡層的人口數現狀來看，獨居家庭戶數接近三四．五％（截至二〇二二年為止）；另外，根據另一項調查結果顯示，各年齡層的家庭人口數勉強超過兩人（二．二五人）。現在不只是核心家庭，被稱為「極核心家庭」的超迷你家庭數量也正在逐漸增加。

雖然偶爾也有學者否認家庭的重要性，不過從發展學家或精神醫學家的角度而言，這種超迷你家庭的影響非常大。家庭是孕育各種不足的發源地，再加上如果是雙薪家庭，子女面臨困難的危險性將會更高。

「子女只和爸媽同住，但他們都在上班，常常晚歸。每當如此，孩子補習回家後，只能一個人吃飯，也經常玩網路遊戲到睡著。不知從何時開始，他不去補習班，甚至擅自從學校早退。驚慌的家長趕忙帶小孩來諮商，他看起來有氣無力、沒有任何欲望，除了電玩和一起打遊戲的朋友之外，對其他事物不感興趣。」

「雖然父母關心小孩的教育，但相對來說較自我中心，因此根本無法真正理解他。這樣一來，親子間的衝突就更加嚴重了。大人不想改變生活方式，也沒有其他親戚可以協助。即使他看似沒有很不幸，但也沒有多幸福，與父母的關係相當疏遠……。」

上述是許多家庭的實際狀況。

子女由學校、補習班和朋友撫養，父母幫忙安排行程（決定放學後要去的地方，大部分是去補習），有些會監督（更差的是放任不管），並提供經濟上的支援（出錢），然而幾乎不關心他們的身體變化，卻過度擔心其心理煩惱（大部分是帶有期待的嘮叨），再加上夫妻關係不佳，雙方往往互相推卸責任，導致孩子的生活更加辛苦。

人生最大的能量來自於家庭充裕的關心和愛的交流，小孩在缺乏關愛的情況下成長，不易產生欲望和挑戰精神。有時，即使只是和親近的人聊天，也能產生動力，但長輩的嘮叨影響力很小就是了。

我們的社會正在經歷這種家庭匱乏所帶來的後果，我甚至看到乾脆讓孩童自己出去生活的家庭。不論是讓孩子一個人住在套房，或是找大學生家教一起生活，這都表示父母放棄了家庭的功能。

雖然我們無法馬上找到解決方案，但我認為，在出現明確的對策前，需要打造出能相互合作、關心和支援的網絡，預防家庭匱乏衍生的各種危險，與此同時，也有人提出組成以愛和照顧為基礎的小規模多元家庭，來進行照顧和互助。

・造成孩子不抱持希望的社會

導致孩子無精打采、缺乏希望的另一個主因，是整個社會唯一關心的只有升學考試相關的學習，而非考慮個性的適性學習。

因為大人們都想送子女上好大學，所以從幼稚園開始，子女便不斷被打分數，小學起，紛紛在學校和補習班參加各種比賽和考試，而這些考試多半都與升學有關。

就算孩子們想知道自己更擅長哪些事，但父母並未試著了解其想法和興趣，只是把他們推往考試和讀書。對此，小孩都會感到害怕。

「我真的不喜歡讀書，很害怕被打分數。然而，爸爸媽媽總說，念書是唯一的出路，我真的不想那樣。

「我想畫漫畫，他們卻說我的興趣會讓我餓死，因此，我一定要讀書並考上一流大學。他們說，現實就是那麼殘酷。我是獨生女，所以大人常常拿我和其他成績優秀、很會畫畫的朋友孩子做比較，我超討厭聽到這些。後來，我決定放棄，我既不會去做我想的事，也不做爸媽喜歡的事。」

以上是一個女高中生的故事。這個女孩被學校老師發現身上有自殘的痕跡，所以被帶來和我諮商。她其實是個不幸的孩子，在單一的評分體系中，不能做自己想做的事，因此她放棄追求夢想，也不服從父母，只是過著失去希望的日常，讓她看起來毫無欲望和活力。

如果這種生活持續太久，孩子會變得怕麻煩，並陷入無力的狀態。到了該階段，即使把夢想還給他們，或是強迫他們學習，也會導致其疏遠課業，並且容易對不良事物成癮。在過去幾十年裡，我已經看過無數經歷這種惡性循環的青少年，要解決這個問題，真的非常困難。

・導致孩子缺乏自我反省能力的媒體

網路和手機等多種媒體，也是小孩產生無力感的元凶之一，在家沒人陪伴、在學校和補習班等都不受關注。這個巨大的網路世界（有些人稱為地下世界）或媒體世界，從某種角度而言，支配著這群孩子們。

有些孩童不斷的使用手機、網路、遊戲機、漫畫、有線電視、網路小說等，換句話說，根本沒時間看別的東西。他們不斷將時間投入到媒體之中，故而漸漸失去對自我反省和批判性思考能力。

有些老師試圖挽救這些學生的靈魂，但往往以失敗告終。比起老師們努力準備的資訊通訊技術課程，通宵玩一場戰鬥遊戲或是觀看有趣的影片等，更吸引他們目光。很久以前，我還曾經在網路上看到一首叫〈白天的學校，是戰鬥一整夜的士兵的休息之處〉的詩。

我認為，青少年沉浸在這樣的世界中，與吸食毒品沒什麼區別。就像藥物成癮的人在清醒時很痛苦，所以只能繼續服用一樣，孩子們如果把目光從媒體和螢幕上移開，也會感受到痛苦。即使不如此，他們可能也會覺得很無聊。

・沒有人打從一開始就想躺平

青少年的無力感是整個社會所造成的。沒有人打從一開始就因懶惰、怕麻煩而選擇躺平。我希望大家不要覺得，所有過錯都出在孩子身上。

人類天生就有學習幸福生活的本能，無力感或不幸只會出現在追求本能的社會裡。因此，我才會經常使用「充實」一詞來對抗缺乏。如果說，充分是量的表現，那麼，充實則是質的表現。若問韓國的父母或老師們是否做得充分，他們通常會回答：「當然。」然而，如果問他們是否感到充實，他們往往會驚慌失措，並在思考一陣子後，說：「沒有。」

「充實」是指內在感到幸福和滿足，如果一個人常常感受到這種情感，就不會產生無力感，因為他們人生的能量是足夠的。

「我們對你已經夠好了，你怎麼還是這副樣子？」這句話是父母們最常對沒有希望和活力的孩子所說的話。我希望，能引進使孩童感受到充實感的新生活方式，並為此展開社會運動。

躺平孩子的內心想法

小四放棄數學，
國二放棄學習，
高一離開學校，
高三放棄人生。

從小學四年級就開始躺平的孩子，心裡究竟在想什麼？作家露比．K．佩恩（Ruby K. Payne）在《理解貧困的一種框架》（*A Framework for Understanding Poverty*）一書中，提出幫助學生脫離躺平心態的四種方法。

第一，新的關係，即促使學生認真去做某件事的新人際關係，像是老師、朋友或學長姐等，都能扮演這樣的角色。

第二，與之前不同的新學習。不論是讀書、跳舞還是玩遊戲，當出現與目前學習的事物不同時，孩童就會產生動力。

第三，當孩子了解到，若不努力生活，將會產生的痛苦及後果，他們便會重新開始嘗試做點什麼。不要只是告訴子女不好好讀書就會變窮，而是讓他們知道，若想做自己感興趣的事，就必須經歷特定痛苦過程的事實。

第四，發現小孩的其他才能。這點雖然影響較微弱，但如果有人能讓他們知道自己是有能力完成的，就會使其產生動力。發現、稱讚、認可並且鼓勵孩子，他們便會努力去做。

02 過勞的三歲，一直被打分數

青春期必經的情緒煩惱之一正是處理和調適憤怒。青少年在生物學上更容易感受、表現出憤怒，此外，成人也不斷在刺激孩子們，因為常常想讓他們感到羞恥。

「我沒有任何美好的回憶。我不閱讀，只是一直上網。我只去過幾次遊樂園，稱不太上旅行，所以，除了玩電玩，我沒有什麼特別的回憶。我忙著上補習班，被埋在題庫裡。記憶中，和媽媽的對話只有成績，以及許多她禁止我做的大小事……。」

上述是大多數小孩對青春期的回憶。乍看之下似乎是非常極端的案例，卻是相當常見的故事。從某種角度來看，在亞洲國家度過青春期其實是一件可怕的事，以前是如此，現在更是如此。

現在，不僅是青春期，兒童階段也令人緊繃，甚至說整個人生都很辛苦也不為過。在生活陷入極度疲累時，背後會夾雜著哪些情緒？

我認為是憤怒。疲勞感背後所累積的是我們對生活的怒氣，因此大家都在竭盡全力忍耐不滿。

在父母的強迫下，子女從三歲起被打分數，無數次站上「做得好、做得不好」的評分秤上，並被評為天才、英才、秀才（當然，有很多孩子得不到這般優秀的評價）。

雖然實際上並不存在這樣的秤及評測，不過如果比較上一世代和現代兒童的壓力和緊張程度，我認為，如今的孩子們比我們當時受到更多壓迫。

現在的孩童不僅早熟，也經歷了許多壓力，往往變得更加激動且敏感，由於他們的交感神經持續處在活躍的狀態，這也使他們必須總是像即將上戰場的士兵一樣活著。

子女們在各種課外輔導機構接受評分，還必須接受家長和同儕的評論。這個社會不斷剔除表現差的孩童，所以成績不好的孩子容易成為直接或間接嘲諷的對象。

在成長的過程中，最常感受到並累積在心中的情緒正是羞恥心。大人甚至在羞辱孩子的同時，還要他們想盡辦法克服。受到的挫折大，傷口自然也就大，孩子就是因這些傷口而憤怒。也有人說，在學生的日常生活中，占據最多的活動是嫉妒他人、捉弄朋友並與之競爭。

世人皆喜歡優秀的孩子，這類根深柢固的屬性使我們無法自由，並且難以擺脫拉幫結派的本能。我們的腦細胞裡刻著對優秀小孩的正面反應，同時本能的對那些表現不佳的孩童充滿憤怒和厭惡，這也許是由於身為老師和父母的我們，都曾在這種文化下長大的緣故。

縱使社會層面的改革很重要，但個人也必須反省自己平時在家裡和教室裡，對孩子的態度是否對其造成傷害。換句話說，必須審視自身的哪些言行，是造成子女和同學之間惡性互動主因。

我們應該思考並感受，每天受到稱讚和喜愛的少數孩子，以及多數被晾在一旁的孩子各自的心情，後者所得到的總稱讚量遠遠低於總批評量和忽視量。當他們的內心充滿被責罵和無視的傷口時，爆發出來的情緒就會是憤怒。

七個核心建議，手把手教你對待青春期子女

唯有將「做得好、做得不好」的模式轉變為「多樣性」的模式；從只看「對錯」改為尊重「不同」；從只重視「少數」變成也關注「多數」；從只強調「優越」變為看重「真誠」；將「贏者全拿的社會」視作「公平的社會」，孩子的怒火才會平息。也就是說，只有改變以「當第一」為準則的生存價值觀，青少年才能逐漸擺脫憤怒。

一旦羞恥心被激起，就連大人也無法承受，嚴重時甚至會自殺。到了青春期，小孩變得越來越刻薄且容易憤怒的根源，是由於成績下降時被批評，甚至被看不起的關係，換句話說，成績差的孩子之所以會憤怒，歸咎於令其難以生存的社會結構。

這時，若沒有人出手相助，孤獨的他們能做的就是生氣。

這些孩子本來就很孤單，如果成績不好會顯得更加孤寂。他們不知該如何是好，只能發洩怒氣，做出在大人眼中看起來叛逆、踰矩的行為。我希望大家能理解這個時代的孩子處在何種狀態後，再來探討如何對待他們。

那麼，面對處在諸多困難中的青春期子女時，我們該怎麼做？以下提供七個建議：

1. 理解

成為能理解子女的爸媽，能讓他們過得更舒服。唯有感受到父母了解自己，孩子才會願意開口。

2. 尊重

小孩希望大人可以尊重自己已經長大的事實，並保持一點適當距離，如此一來，他們才能感到更自在。

3. 鼓勵

青少年希望得到家長的鼓勵，因為這個世界比想像中殘酷，他們很難向不鼓勵自己的父母表達辛苦。

4. 肯定

比起禁止，子女更希望得到肯定，因為那代表父母的信任，孩子才能相信自己。

5. 留下回憶

小孩想在青春期時和爸媽留下美好的回憶。旅行、參觀或深度對話等都很不錯，並希望父母能成為他們生活中重要的導師。

6. 提出價值

孩童希望家長不要強迫自己，在好好對話的情況下，分享人生智慧，以及該重視哪些價值。

7. 創造陪伴者

有些事子女不會主動告訴爸媽。如果在青少年階段身邊有其他大人陪伴，他們就不會那麼孤單。但在當今這個時代，孩子身邊要有值得信賴的大人並不容易。到了青春期，光靠父母是不夠的，尤其男孩更是如此。陪伴小孩的人越多，他們便越有機會解決問題。

爲何青少年拒絕諮商或對話

1. 討厭諮商的六個理由

—談這些問題又累又難。
—不喜歡感受內心的情緒。
—不願意開誠布公。
—和父母相似的大人交談既辛苦又無趣。
—諮商給人做錯事才會去的感覺。
—討厭有人給我要嘗試改變的壓力。

下列是以愛為中心做家庭治療的丹尼爾・休斯（Daniel A. Hughes）推薦以PACE作為引領青少年對話的模式：

• P：playfulness（愉快有趣的）。

- A：acceptance（可接受的）。
- C：curiosity（帶著好奇心的）。
- E：empathy（得到同理的）。

2. 討厭對話的理由：矯正訊號

矯正訊號指的是孩子認為爸媽、老師和諮商者透露出自己的行為需要改正的訊號。如果用要求孩童改善的表情靠近，他們就會後退，且高高拉起防禦的帷幕。指出小孩的問題不是終極目的，目標是使其敞開心扉。如果我們用矯正孩子行為的態度接近他們，就會失去協助的機會。

3. 從以問題為中心到以興趣為中心的觀點

若想和孩子多聊天，比起擴大問題的範圍，更應該把談話焦點放在其興趣上，以尊重的態度開啟對話，並在良好的氛圍下盡量讓孩子自主發言。

03 假聰明父母症候群

我在演講時，偶爾會被問到以下問題：

「父母都很聰明，為什麼孩子卻不是如此？」

我確實很常看到家長是菁英，也取得一定的社會成就，但他們的子女卻成績平平。為了回答這個問題，我創造了一個名為「假聰明父母症候群」的概念。

想成為好爸媽應該是所有為人父母的願望。然而，當好爸媽其實是很困難的事。以下幾個例子是無法如願的家長可能會說的話：

「我的孩子說他已經拚盡了全力，結果卻還是很糟糕。」

「我把所有的東西都給小孩……而他卻說什麼也沒得到。」

「我們夫妻倆都很優秀，我完全無法理解為什麼我們的孩子會變成這樣，真是不可思議。」

每次諮商時，聽到大人們說這些話我都會感到痛心，也經常思考發生這些問題的原因，以及幫助他們的方法。首先，針對養育方式進行深入觀察。

先說結論，我認為這些人之中，有一類是假聰明父母，因此在面對這樣的家長時，我都會建議他們先擺脫假聰明。假聰明父母是指為了得到真正想要的東西，卻不知道該做什麼事，也無法了解自己為何不能成為優秀的爸媽，或是誤以為要成為好雙親只需要擁有高智商。

假聰明父母通常具有以下四個主要特徵：一，感情上較為冷漠；二，總是過分追究對錯，並對孩子非常嚴格；三，有時將面子看得比子女重要；四，經常將自己的焦慮不安放到孩子身上。

體現上述特徵的代表性養育行為有以下十種：

- 總說自己對子女盡了最大努力。
- 認為小孩表現不好，責任大都在他們本身或是另一半身上。
- 對子女的未來總是預設最壞的狀況。
- 常常對孩子惡言相向。
- 分不清嘮叨和教導。
- 無法放棄對子女成績和學業的執著。
- 不遵守承諾或約定。
- 過於熱衷宗教或某些愛好。
- 認為凡事都要為小孩犧牲。
- 因為面子，偶爾會對周遭的人謊報子女的狀況。

父母若是這樣對待子女，雖然孩子表面上會予以順從，但事實上，他們的心早已受到傷害。

「看來爸媽認為自己很了不起，只有他們做的事才是對的。他們覺得自己不會犯

錯，每天都用自身標準過日子，我才不想像他們一樣。」

這些假聰明父母在社會上大都是成功人士，但子女們卻經常違反規則、喜歡搗蛋，甚至在學校犯下不少錯，成為問題學生，或是畏縮、軟弱、毫無活力、只會看人臉色。這些家長常說完全無法理解子女為何變成如此，而他們的孩子則認為無法和父母溝通，甚至覺得對方很虛偽。

究竟是什麼原因造成親子互相指責？進一步了解後我才發現，通常是由於情緒上的冷漠所導致。這些爸媽都是有責任感且正直的知識分子，總是為了取得成就，兢兢業業，不浪費任何時間。

他們的養育原則中最重要的是「努力學習」，基於此信念，他們認為和孩子一起玩、情感交流，以及親密接觸等都是次要的。同時他們也期待，若子女能在比自己兒時更好的環境下接受良好教育，就會比自身更有成就。因此，他們無法理解為何孩子在這種富饒中成長，卻達不到期望。

如果我告訴他們：「孩子們是靠愛長大，而非學習。」他們往往會狡辯道：「小時候父母都去田裡工作，根本沒時間照顧我們，因此也從未得到過你說的那種愛。跟那時相比，現在孩子的學習環境好太多了，到底為什麼他們會是這副德性？」

若我回答：「比起提供好環境，更重要的是理解孩子的心。」那麼，他們便會說：「我們都知道子女在想什麼！」然而，孩子的反應和心理檢查結果卻與大人們的理解截然不同。這些孩童表示，爸媽完全不了解自己的心情，心理檢查也顯示父母對情緒交流很遲鈍，完全沒有溝通技巧。

以下分享一名孩子離家出走的故事。這位孩童離家後被帶來我這裡諮商，他的母親是學校老師，父親是大企業的中階主管。他說，自己無法和父母溝通，所以才會離家出走。帶孩子來諮商的家長表示完全無法理解，他們認為，一定是由於孩子不想讀書，或是沒買他想要的東西所致。

雖然這對父母工作認真、勤儉節約，就連參與宗教禮拜都無可挑剔。但在我看來，他們不是有趣的人，與孩子也缺乏情感上的交流，因此根本無法了解孩子的煩惱。

孩童一邊哭泣一邊分享了一個故事。某次他騎腳踏車受傷送醫，父母到院後說的第一句話竟是：「一定是因為你危險騎乘才會受傷。」接著，詢問昂貴的腳踏車是否有損壞？孩子難過的表示：「不是應該先關心我有沒有哪裡受傷嗎？」這對父母的冷漠連我都大受衝擊（事實上，也可能是由於我有過類似的經歷）。

除了情緒上的漠然之外，假聰明父母的特徵之一是嘮叨。他們大都要子女按照自己的命令做事，不要違反規則，一旦做錯，就會予以責備並進行懲罰。他們認為，孩子之所以會犯錯，都是由於沒有好好準備，以及不認真聽父母的話。

反覆被處罰的小孩會認為，失誤是不可饒恕的，所以變得過分害怕犯錯，並且更容易因緊張而不斷失誤，此時，爸媽往往會更大聲訓斥，導致他們變得更加畏縮。當我問這些父母破口大罵的理由時，他們通常表示是為了子女好，但是他們不知道的是，大聲斥責並不會讓孩子從失誤中學到任何東西，只會帶來更大的恐懼。

做事一絲不苟、事事要求正確的父母，卻沒有培養出期待中的優秀子女，這是由於他們用嚴格的標準要求，且不容許一點失誤，致使孩子急於隱瞞自己的錯誤，並因害怕挨罵而說謊或頂嘴。

沒有任何一個人能做對所有的事，如果子女每次犯錯時，都被有這種錯誤期待的父母訓斥，那麼他們的心中將會不斷積累憎惡和罪惡感，並因此失去自信。

若父母從不允許小孩發生失誤，只會讓他們更心生討厭，甚至覺得自己很無能。如果你的身邊也有這樣的人，你覺得如何？我們多半不想親近凡事只問對錯、毫無同理心的人，因為和那種人相處很累。孩子也是，他們定會漸漸疏遠這樣的大人。

假聰明父母的另一個特徵，是把面子看得比子女重要。他們常常想隱瞞孩子表現不佳，沒那麼優秀的事實，孩子的成績和他們的自尊心成正比，也因此會謊報成績……。子女們小時候會順應這種虛假，但進入青春期後會開始反抗，並且質疑為何爸媽不愛他們原本的樣子。

最後一個假聰明父母的基本特徵，是經常感到焦慮不安。事實上，推動他們前進的最大動力正是焦慮，不斷努力、不輕易休息，甚至誠實生活的理由也是不安。如果我問他們對世界有什麼看法，他們會說這世界很難生存，不能只靠一般的努力。因為這是弱肉強食的社會，所以才會要求子女也這麼做。

難道這個世界真的是如此嗎？只因假聰明父母覺得世界很可怕，就認為小孩也應該害怕，並嚇唬他們，導致感到恐懼的他們難以溫柔看待世界。

很多大人會對小孩說：「你知道世界有多可怕嗎？」這是打擊孩童活力的話。我們必須告訴他們，這世界是值得生活，且能實現夢想的溫暖地方，他們才能愉快的過日子。如果像這樣嚇唬孩子，卻希望他們充滿熱情和挑戰心，簡直是天方夜譚。

令人意外的是，我們身邊有許多這樣的人，所以，我正在研究如何成為真正聰明的爸媽。也許假聰明父母的失敗與他們的成長史有很大的關係，他們在成長過程中，似乎逐漸意識到能力比情緒重要，嚴格比自由有用，比起展現自己的真實面貌，更需要給別人看的是包裝過的良好形象。我認為，他們對世界的黑暗面充滿恐懼。

假聰明父母即使知道情緒交流及同理的重要性，也了解要寬容失誤、從失敗中學習的方法，甚至知曉要愛自己原本的樣子，並相信這個世界有正義的力量，但心裡卻做不到，因為他們的內心深處有著從傷痛中產生的強烈不安感。

因此，他們認為，持續對子女表達愛意是一件很辛苦的事，單方面對子女付出也很累人，即使接受了各種教育、閱讀了許多書，仍然無法改變親子關係，這更讓他們感到痛苦。

也許，閱讀這本書的你，內心會覺得我給的答案過於理想，可能使孩子難以生存，因為許多人都被社會的冷酷傷害過。我曾看過有記者問日本的繭居族為何足不出戶，他們表示，這個世界太殘酷了。一言以蔽之，就是害怕和恐懼。

我希望大家都能問問自己是否也想念溫暖，是否也希望自己原本的樣貌能被接受、自己的失誤可以被寬容，並且不要如此不安的生活。同時，我也期望大家都能思考，是否有必要轉移同樣的不幸到子女身上。

比起冷酷無情，人們更喜歡溫暖和自由，不喜歡被批評，並希望擺脫焦慮。父母對子女也是如此，不需要為了培養出特別的孩子而忍受痛苦。千萬不要對他們說：「該做的事都做完了嗎？排名提升了嗎？你遵守和媽媽的約定了嗎？有沒有做丟臉的事？」而是說：「你最近心情如何？遵守約定不容易吧？沒關係，我永遠為你感到驕傲。」

我的生活中也充滿了刻薄的人事物，但如果大人們只是不斷灌輸子女這些殘酷的東西，並要求他們要武裝自己，那麼不就是將自己的不幸傳給對方嗎？

04 阿法世代

明智的父母會了解，現在的小孩在許多方面都和過去的自己不一樣，因為他們在成長過程中所接觸到的文化和上一時代大不相同。即使可能會為此感到不安，明智的爸媽多半會懷著極大的好奇心，努力保持開放的心態，不急著否定新世代。

二〇一〇年以後出生的世代被稱為「阿法世代」（Generation Alpha、α世代），指的是智慧型手機商用化之後，受人工智慧影響的世代。如果家長想了解在這種文化中長大的子女，重點是具備數位素養（理解和使用數位產品的能力）。

某個孩子在課堂上沒有認真聽講，老師問他：「你不做筆記嗎？」他回答：「我正在用手機做筆記。」老師馬上反問：「這是什麼意思？難道你的手機有手嗎？」孩子一邊展示能將語音轉換成文字的人工智慧，一邊補充道：「如果您想要，我可以馬上印給您！」教室裡瞬間充滿孩子們「哇～」的興奮尖叫聲。

最近出現了許多能將聽到的話語，立即轉換成文字的人工智慧，或是將影片的語音直接製作成字幕的應用程式，如同老師所說，這相當於智慧型手機上有隻手。

文明和技術的發展改變了我們的文化，智慧型手機有著祖父母時代的便利通話功能，也如同父母一代的筆記型電腦，有著能帶著走的便利性，這個隨身裝置就像孩童的衣服或是皮膚。換言之，沒有智慧型手機就無法出門，逐漸成為人體的一部分，孩子們使用手機的頻率之高令我們無法想像。

多數媽媽應該比較熟悉與拍照相關的美顏相機Ａｐｐ，這些Ａｐｐ能把下巴削尖、眼睛變大，並將皮膚修得閃閃發亮，是能讓人心情變好的應用程式。因此，展現真實臉孔的照片隨之減少，被軟體修過的臉蛋，有時甚至美到自己都認不出來。

澳洲社會學家馬克·麥克林斯（Mark McCrindle）以二〇一〇年為起點，將此後出生的孩子稱為「阿法世代」。他進一步表示，這個世代是從出生就開始接觸人工智慧的ＡＩ原生代，與被稱為數位原生代的前一代（Z世代）有明顯的差異。

以下我想介紹幾個這世代孩子的重要特徵，這是身為精神科醫師的我，和青少年對話時，所觀察到的十種與心理相關的現象：

・撫慰痛苦的方式變了

「Siri，我被老師罵了，心情很差，幫我放個音樂！不，我不要安靜的音樂，放吵鬧的音樂！Siri，你能跟我說我愛你嗎？」

這裡提及的 Siri 不是人，而是人工智慧機器人。阿法世代的小孩不僅不會覺得和機器人交流或玩耍很奇怪，反而會在包含手機在內的各個裝置上安裝機器人，以便使用。

青少年想撫慰心情、結交戀人、覺得和人相處很累……造成寵物機器人都比實體寵物更受歡迎。

就算這種方式可以避免人與人互動所帶來的複雜性，卻也容易產生追求自我中心安慰的傾向。有越來越多小孩表示，從他人那裡得到安慰很麻煩。就連親自照顧的小狗可能還比較愛爸媽，這顯得很可笑，還不如使用對自己言聽計從的人工智慧服務。

・掌握認同感的方式變了

那些真的不了解自己而感到徬徨的孩子，或者是在外用餐時，因選擇障礙不知道該選什麼而感到痛苦的孩子，生在這個時代無須擔心——看一下數據即可。

小孩只需要查看手機裡的信用卡使用數據，就能知道自己喜歡什麼。例如，可以透過這些數據找到最常買的食物，以及吃這些食物的時段等。有時，Netflix 甚至比你更了解你的喜好。許多關於自身的資訊，數據都會告訴你。

當孩子覺得很難了解自己真正的樣貌和才能時，他們可能會依據相關的數據來做決定，而非透過省思、試著理解自己的內心，以及了解和他人關係等。雖然數據有時可以告訴我們有關的資訊，但有時也可能不行。

・人際互動方式變了

在這個時代，由於網路上有很多可以見面的方法，因此拜訪自家奶奶可能會是很特別的事，今後也可能會出現比視訊、Zoom 或 YouTube 更好的媒介。

經過新冠疫情後，聚會方式已經逐漸改變，覺得「為什麼要聚會？在家裡用

Zoom 開會就好」的人越來越多。今後,比起實體見面,各種非面對面的互動將會增加。如果無法理解線上聚會所帶來的優缺點,那麼,往後只會更顯尷尬。

·獲取資訊的方式變了

聊天機器人的發展令人矚目,隨著演算法和機器學習的飛躍發展,聊天機器人越來越多,也逐漸能輸出值得信賴的回答,甚至到了難以輕忽的地步,諮商窗口也將不再需要更多人力。

聊天機器人等多種人工智慧服務,日後很有可能負責心理治療,並創造出更好的治療服務。今後,如同鋼鐵人有像賈維斯般的人工智慧管家,我們亦能依照各自的數據系統,預測並得到自己想要的東西。

·資訊傳播的方式變了

孩子的生活從小就以視覺刺激為主,在人工智慧、全息投影、虛擬實境(Virtual reality,簡稱VR)活躍的時代,他們早已厭倦嘮叨。媽媽也很辛苦,現在居然有小孩錄製母親碎碎念的影片，並放到YouTube上，還說這樣能聽得更清楚。

因全息投影、數位思維和智慧學習等多種學習輔助工具的趨勢所致，孩童會繼續痴迷於視覺化資訊。「媽媽我會好好說明，你要好好聽進去。」也許在未來的某一天，這樣的話語會消失。「媽媽已經錄好了，你們看」或者是「媽媽拍了影片，你要好好跟著做」的時代已經不遠了。

隨著長時間受影像刺激的視覺型學習者增加，子女對各種影片頻道的依賴度也逐漸提升，傳達資訊的方式已與過去有所不同。

．生活圈和生活方式變了

過去，人們為了實現一個夢想，需要付出很多努力。然而現在的孩子則可以在遊戲中成為國王、企業家或明星。如果長時間沉浸在滿足欲望和幻想的遊戲中，也許他們就會認為，沒有必要在現實當中實現夢想。

在門診時，我也曾實際看到類似的孩童，他們什麼都不想做，只想打電玩，或覺得看YouTube就滿足了。在經濟上，這些孩子托父母的福，並不需要煩惱。

十年前就出現雙親去世後，只靠留下的遺產過活的族群。這些人認為，沒有必要承受失敗的風險辛苦實現夢想，他們只想活在利用爸媽給予的財富，以及許多遊戲、幻想網路小說、人工智慧機器人，甚至是性愛玩具等，在不貴的價格上，也能滿足各種欲望的虛擬世界裡。

網路費用大約三萬韓元，影片訂閱費一萬韓元，音樂訂閱費一萬韓元……這樣一來，每個月只須花費五萬韓元（約新臺幣一千兩百五十元）就能得到非常豐富的娛樂。即使不出門，也可以在家觀看數百部電影、演唱會和電子書。

・資訊自由受到侵害，資訊可以販售或流通

我們的行蹤可能被設置在社會各處的監控裝置追蹤。在現金交易逐漸消失的時代，由於晶片和信用卡的使用，消費狀態也可能洩漏。父母或有心人士能透過這些東西持續監視孩子。相關技術將進一步發展到各個領域，因此很難保守自己的祕密。

我們能隱藏的，只有自己內心的聲音和腦中的想像，不過，似乎即將出現連這個也可以了解的科技。自由減少了，因資訊太常被感測器、數據和人工智慧洩漏，許多小孩

都在抱怨生在這個沒有隱私的社會。

如同英國作家喬治・歐威爾（George Orwell）在其著作《一九八四》（*Nineteen Eighty-Four*）中描述的，「老大哥正在看著你」（Big Brother is watching you.）的社會即將來臨。

・成癮性提高

隨著技術提升，使我們能玩到比現實更真實的遊戲，令人眼花撩亂的虛擬實境遊戲讓人玩到不知時間流逝，這比目前只能用手指把玩的電動更讓人著迷。

如果再搭配一些藥物和毒品，開啟滿足五官的虛擬遊戲體驗，就更難停手。玩過如同真實戰鬥般的遊戲，很難像沒事一樣馬上將情緒拉回現實，遊戲開發也朝著增加刺激性和沉浸性的方向發展。

目前已經有許多孩子對遊戲成癮，若再加上各種更刺激且擬真的技術，電玩將變成難以控制的毒品。倘若真的出現可以一邊吸毒一邊玩的VR體驗，那麼我們的大腦將像電影《駭客任務》（*The Matrix*）般經歷新的中毒現象，同時將會使多數青少年陷入成癮狀態。

・溝通發生變化

可穿戴式智慧裝置、智慧資訊系統、擬真影像同步技術的發展，將為人際互動做出貢獻。當我們在表達愛意時，可以將心跳轉換成視覺數據，訴說不安時，可以用全身影像直接展現出汗、肌肉緊張、呼吸不規律的模樣，與此同時，透過行動式MRI或小型大腦掃描拍攝影像，同步呈現大腦中的腦島（insula）活化區域。

因此，說謊、騙人已經是不可能的事，現在不只特殊調查機關設有測謊機，部分學校教室也有，大人們不再需要問小孩有沒有說謊，只要直接請他們坐在機器前就好。當然，每個家庭都可以擁有測謊機，有些媽媽可能會熱烈歡迎這種設備。

・擁有好的科技產品就是人生勝利組

「你還在用那種手機嗎？真可憐，看來你媽媽不愛你。」

用舊型的智慧型手機成為不受歡迎、貧窮且無知的象徵，所以青少年都希望能用最新型的智慧型手機，大人們多半不了解機型之間的技術差異，然而孩子們卻相當清楚。

舉例來說，我們只知道 iPhone 11 Pro 有三個照相鏡頭，小孩卻知道 iPhone 11 Pro 改善了至少五種系統。系統越好的手機，功能越多，容量大的手機，則可以儲存更多東西。智慧型手機是愛和能力的展現，現在的社會風氣已經變成，擁有好的科技產品就是人生勝利組。

05 孩子們告訴我的真實心聲！

到目前為止，我講了許多幫助大家理解青少年子女的故事，而大家是否會好奇他們實際的心聲？

以下是某國中二年級的幾位學生們，想對父母說的話。這些話是經由快速寫作的方式產出，也就是說，不經深思熟慮，直接寫出自己當下的感受。當然，這幾則短語不代表所有國二學生的想法，只是希望各位能藉此更了解孩子的感受。

謝謝，我沒什麼好說的。

請再多給我一點零用錢。

請不要對我有過多的期待，我不是那種兒子。
別再亂發脾氣。
現在還不晚，幫我生個弟妹折磨我吧！
我不會沉迷於遊戲，讓我再多玩一會兒。
幫我買件衣服，我沒衣服穿了。
媽媽，讓自己過得舒服點吧，不會餓死的，請別擔心。
如果爸爸少喝酒，我就會提高成績。呵呵。
不要覺得奇怪，我現在也有男朋友了。
我會更努力學習的，請再等我一下。
我不是大人，不要對我太嘮叨。
父母也應該找個地方學習如何當父母，不然根本無法對話。
請不要把我和朋友們做比較，我已經很好了。
我愛妳，我懂媽媽的心情！
不要再因為我吵架了！

爸爸媽媽，沒關係，我現在也很幸福。
不要再跟別人炫耀我了，好丟臉，只會增加我的負擔。
我愛你們，我的爸媽是最棒的！

下面則是幾段較長的心聲。

「中二病？我才沒有，但只有虛張聲勢才不會被看不起，所以我最近總會那麼做。然而，把在學校的裝腔作勢帶回家後，爸媽還是不重視我，因此我討厭回家。父母把我貶低得一文不值，真不知道那對他們有什麼好處。

「如果問我對父母和學校老師有什麼期待，那就是期望他們不要再無視我的心聲，或是說出使人生氣、丟臉的話。我不奢望得到稱讚，但也不要太常罵人，尤其是在心情低落時被罵，只會讓我更煩躁。」

「我對爸爸媽媽的期望是尊重我、不強迫我。每個人的喜好都不一樣，把我和別人做比較，又逼迫我做不喜歡的事，只會讓我對他們感到失望。

「我爸曾說，只有古典音樂才算是音樂，不過我喜歡流行音樂，我知道他不喜歡我喜歡的東西，但不讓我堅持夢想實在太過分了。他阻止我的時候，我會想打工賺錢來做自己想做的事。

「我最討厭被強迫。小學時，即使不想做，我還是被迫做了很多事，但到了國中，我再也不想如此。零用錢本來就是爸媽應該給我的，而不是我需要去打工賺的。做父母喜歡的事就給零用錢，做我自己喜歡的事便不給，這樣的做法實在太過分了。」

「我希望爸媽能買隻小狗給我，因為他們都很晚回家，我覺得很無聊時，就只能玩電腦。我不喜歡太多人，但也不喜歡孤獨。父母說他們都忙著工作，所以沒時間照顧小狗，還說我也很忙，無法照顧好。

「說真的，我其實也不知道自己能不能顧好小狗，不過，若有了小狗，我應該就不會那麼寂寞。我最羨慕別人帶著小狗散步，如果能看著可愛的小狗，我的壓力應該也會緩解一些，但爸媽都說不行，尤其是媽媽，而我依然希望她能買小狗給我。」

「讀書好像是我最大的問題和負擔，父母因我的成績吵架，我覺得很抱歉。我在糾結要不要放棄學習，但他們把全部的精力都放在督促我用功上。他們都希望我上特色高中，不過我的實力不行。我還在煩惱要怎麼跟他們說，我真的很討厭讀書。

「即使我不是完全不想讀書，但我也想做些其他感興趣的事，我難道只有在讀完書才能去做這些事嗎？我討厭大人比較成績，我對讀書也沒有太大興趣，因為能把知識教得有趣的老師也不多。我在『只能念書』的強迫觀念中繼續讀書，這讓我很痛苦，身邊卻沒人可以聽我訴說這些煩惱。

「老師說我們不該質疑這個價值觀，父母也說我想得太膚淺了。我認為，中二病也許是由於學習上的負擔，導致需要靠其他東西來虛張聲勢。雖然爸媽的期待讓我備感負擔，但我也不想讓他們失望。我真的不知道該怎麼辦才好。」

「我不喜歡父母過度保護我。即使到了國中，從穿著一直到在學校發生的事等，他們都想詳細了解並予以干涉，我真的很討厭這樣，所以我會故意不溝通，但願他們能就此放過我。雖然我是獨子，不過我希望雙親可以不要一直圍繞著我，而是他們倆能一起去旅行，度過兩人時光。

「全家族都太關注我了，我一感冒，家裡就會雞飛狗跳。我身體明明不弱，他們卻每天都說我身體本來就很虛弱，並且給我各種中藥和能量飲料。我很感謝，但我覺得根本用不著這麼做，所以有點厭煩。我其實不擔心自己，而是父母。我擔憂如果我將來要離開家，他們會繼續跟著我。」

大家看完上述心聲有什麼感想？雖然沒有任何一個人講了重話，但這些話都反映了青春期孩子的煩惱，不論是討厭家長過度保護，還是不喜歡被強迫、要求給予尊重，或是對學習的擔憂等。

該如何開導討厭自己的青少年？

1. 青少年討厭自己的三個原因

- 辜負父母的期望。
- 無法達成自己的標準。
- 朋友不像期待般重視自己。

2. 自殘的青少女對大人的期待

- 有同理心。
- 讓我過著不背負期待的無負擔生活。
- 給我喘息的時間和空間。

3. 遊戲成癮的青少年對大人的期待

- 希望除了讀書和遊戲之外，還有其他有趣的東西。

- 期望能擅長念書，或是有其他專長。
- 期盼能有更多朋友或大人陪伴自己。

4. 青少年對大人的期望

- 請教我安撫心情的方法。
- 請幫助我擁有成功且有成就感的經驗，使我可以產生自信心。
- 請稱讚我現在做得很好，並鼓勵我以後也會如此，讓我能穩定情緒。

另一方面，許多家長會痛下決心，對不聽父母的話、只想按照自己意願行事的子女說：「你就做你想做的事吧！」結果卻不如預期。

青春期孩子去做自己想做的事卻做不好時，往往會心灰意冷，甚至想要放棄。因此，大多數人在行動前，都會猶豫並害怕自己做不好。小孩對父母的期望，不僅僅是能讓他們隨心所欲的做，自由發揮只是基本，在此基礎上，他們想要得到爸媽更進一步的幫助。

從這一點來看，青少年可能會對「你自己看著辦！」這句話感到厭煩，因為這句話充滿了大人們不會提供任何助益的含義。

孩子希望父母協助他們了解自己想做的事，支持他們取得成功。放任式管教，並不會使親子關係變好。請家長一同思考，是否只須允許子女去做想做的事即可？除此之外，他們還需要什麼幫忙？

06 父母想對孩子說的真心話

既然前面已經聽了許多小孩的真心話，現在該來聽聽大人的心聲了！以下是我整理課程和演講上，父母們發表感想後，所篩選出的故事。各位可以看看這些心聲是否和自己相似，抑或是與你大不相同。

・「孩子，我也很孤獨啊！」——四十多歲的母親

我聽完演講後，開始反省自己，我了解到現在的孩子比上個世代更辛苦，因此思考了很多。以前的我認為，現在的小孩物質充裕，生活上應該不會有任何不便，然而現在的我才發現這個想法太過單純，也理解到子女們都有各自的煩惱。

另外,醫生強調了孩童的孤獨感,這讓我感觸頗深,因為我覺得父母可能也很孤獨!事實上,我就很寂寞。也許是因為這樣,我才總是管著孩子!

至於,爸媽沒有教導子女學習以外的價值觀,這部分我也深有同感,我回家後仔細想了想,發現自己確實腦袋空空如也——只有「只要成績好,萬事都會順利」,更沒有其他想教給他們的東西。

我只會叫小孩讀偉人傳,卻從沒問過他們從中領悟到什麼價值,我希望他們成為偉人,卻沒能一起思考成為偉人的方法。因此,講座結束後,我們夫妻倆決定一起來個省思之旅。這不是什麼特別的旅行,只是想尋找並討論想教導什麼東西給子女。

誠如醫生所說,父母會在養育小孩的過程中成長。

‧「把兒子的問題當作事業對待」——五十歲左右的父親

我比較顧家,也對兒子抱有很大的期待。我的事業很成功,經濟上還算穩定。然而,我的成長過程其實很辛苦。

孩子上小學時,我因事業忙得不可開交,直到兒子上國中,我才開始有空關心他,這時我才發現他實在太不像話了。他很懦弱，只喜歡玩遊戲，甚至足不出戶，因此我從他國中一年級起就開始訓斥他，還經常打他。

國一寒假時，我送他去英語訓練營。上了國二後，他說：「不行了，我不幹了！」便撒手不管。不僅如此，他還抽菸，真是令我又丟臉又難受，所以我總是借酒澆愁。然而，兒子的行徑越來越離譜，就在這時，我聽到了這堂課。

說實話，並非每堂課程我都很滿意，因為醫師你講得太理論了。我原本希望能更深入且現實一點，但事實並非如此，所以有些不滿。我想知道兒子是由於什麼原因才會變成這樣，我也知道有其他老師會針對此項做分析。

然而，隨著時間流逝，我才發現，原來醫生所告知的方式是帶著我們思考不同的論點。這讓我想起自己也曾是青少年，並曾經不多加思考就急著行動。透過此方法，也能達到我想了解青春期小孩的目標，我上次還學到原來男女生的大腦真的不一樣。

我在聽講座時發現自己沒有同理心，不考慮身邊人的感受，只盯著目標生活。我把兒子的問題視作自己的事業，經常訓斥他：「喂，你這傢伙，目標就只有這個，你為什麼做不到？你要拚命把能試的都試過一次啊！」但對待孩子，這麼做行不通，因為育兒不是做生意，如果是的話，我應該早就成功了。

所以，我開始思考我搞不定親子關係的理由，子女和部屬不一樣，不能換人。我也領悟到，在這個時代，兒子的成功可能和我不同。

像我這樣的爸爸不只有一、兩位，有些父親喜歡吹噓自己的孩子，但更多人因子女而心煩意亂。因此，我希望藉由這個講座，之後能召集爸爸聚會。雖然不知道課程講師可以分到多少費用，不過邀請心急的父親們一起參與這種活動應該能收到更多錢，這個講座或許也能成為更穩定的事業。

・「聽講過程中我一直感到羞愧」——四十多歲的母親

我有一個國二的兒子。我在上課的過程中一直覺得很羞愧，因為醫生講的案例幾乎是我的故事。對孩子說，只有你追不上大家、你為什麼沒做好、你要有自信一點、你長大就會懂、你要盡全力、你還沒做到最好……這些我都說過。

所以，上這門課真的令我很難受，感覺就像被揭開真面目。即使沒人知道，我自己也覺得很丟臉，總覺得會有人批評我不是好母親。

說真的，以前我無法理解子女的痛苦，但我現在了解了。我現在和兒子一起準備高中考試，他的反應如同醫生所說，再者，我也不是在尊重和鼓勵之下長大的，所以我也不太懂，到底該怎麼做才能把小孩養好？

如果問我，成功重要還是幸福重要，我會更看重成功，這就是這世代的父母仍感到不安的原因。從這一點來看，我依然沒有信心，我認為離別和孤獨都很可怕，但我知道我必須鼓起勇氣放手。

我從未想過要過度保護孩子，等他上了好大學，我就想自己過日子，因為讓子女上好大學是身為家長的責任和義務，我不想有所虧欠。不過，我也想和兒子保持良好關係，更希望得到他的尊敬。因此，我現在決定做不同類型的父母。

我相信，為了子女的成功和幸福，我們必須成為不一樣的爸媽，他們也才能成為比我們更好的雙親。否則，當孩子為人父母時，會像我一樣每天和自己的兒女吵架，並強迫對方做不想做的事，永遠生活在達不到期待的不安和不幸中。

我希望透過這門課成為新的父母。我沒有勇氣一個人前行，所以期望能和大家一起努力成為孩子心中的好爸媽。

07 親子間「不費勁」對話法

大家看了孩子們的故事，也聽了父母們的心聲，本書所講的故事中，有個概念最常出現——就是「理解」。

預防青春期衝突的最佳解方，正是理解。唯有大人展現出同理的態度，小孩才願意開口，也才能理解他們的想法。同理不僅能開啟對話，也是溝通的結果。

人受到傷害後，會感到委屈，我們無法與有這種情緒的人溝通。唯有對方覺得被理解，敵對、怨恨和憤怒等的感覺才會減少。有時，能被理解，本身就可以融化並化解深深的厭惡。

如果子女覺得爸媽懂自己，也就是說，了解他們的孤獨、痛苦和害怕等，那麼他們的那些問題行為、想死、憤怒和孤獨的情緒就會減少。

如果父母懂子女，就能更加寬容看待孩子沒有立即達到自己的理想，或成績沒有提升，並且願意花時間等待。

這樣一來，親子間不必要的衝突或消極對話也會隨之減少。

聽過我的講座或看過我的書的家長，其共通點就是領悟到，理解孩子才是最重要的，而且也願意試著去溝通。唯有理解，才能找到正確的解決方案。和青春期孩子好好相處的最強大力量，正是懂得他們的心。

為了使大家能更熟悉該如何運用，我想分享「沒關係」對話法：

・「你很累嗎？不累嗎？累了吧？」

「你很累嗎？不累嗎？累了吧？」若父母能對剛回家的子女這樣說，他們就會感受到溫暖，並覺得：「爸媽會為了理解我的心而努力。」僅憑一句話，小孩會更願意敞開心扉接近雙親，並與之對話。

・「原來如此，確實有可能會那樣」

當青少年談論煩惱時，爸媽如果附和：「你覺得很累啊，原來如此，確實可能會這樣。」他們瞬間就會有種被理解的感覺，同時能使心靈的憂慮、恐懼和憤怒得到緩解，不再憂愁。

然而，父母在聽完訴苦後，絕對不能回覆說：「我無法理解，這是你的問題，就這麼一點煩惱居然也敢說很辛苦？」否則孩子將會重新關上心門。

等到下次再問子女是不是很累時，他們也不會再敞開心扉回答。不論是什麼情況，只要家長能站在孩童的立場上思考、努力理解，就會產生「也有可能會那樣」的想法，並說出同理的話。

・「沒關係，一切都會好起來的」

大人理解小孩的心情後，請對其說：「沒關係，一切都會好起來的。」這些包容和鼓勵的話能讓他們感到安心，並且產生自信。

「沒關係」這句話的威力已經得到無數次驗證。有「夜巡教師」之稱的日本知名教育家水谷修[1]老師，在接觸眾多街頭小孩時說的第一句話，就是「沒關係，現在沒事了」。這不僅能提高孩童的自尊心，也是照顧好自己的心理營養劑。

1 作者按：日本高中老師，因抵制同事所說的「流浪在夜間街頭的孩子不需要正規教育」，被從人文高中調到夜間高中。為了照顧從夜校下課後感到徬徨的孩子們，他走上街頭，因此被稱為「夜巡教師」。某次，為了想逃離暴力集團的孩子，他獨自來到暴力集團辦公室，當時暴力組織的首領以放過孩子為代價，要求水谷先生的一根手指，他毫不猶豫的交出自己的一根手指，並將孩子帶回來。上述是他的書《深夜，無法入眠的孩子們》（夜回り先生と夜眠れない子どもたち）中所介紹的故事。

精神分析家克萊爾・溫尼科特的青少年名言

- 如果父母放棄青少年，他們就會突然變成大人，而且是錯誤的大人。
- 對嘗試各種可能性的小孩而言，大人的工作是製造禁令。
- 孩子的發展不能急於求成，也無法替代，成就必須讓他們自己達成。
- 應該允許小孩不成熟，並幫助他們變得成熟。
- 給太多愛最終會導致愛的缺乏。
- 父母應跟上子女的速度，並且不勉強為之。
- 青少年的唯一良藥就是時間。
- 攻擊性和反抗，是青春期強而有力的特徵和經驗。
- 沒有任何衝突的青春期，意味著此階段了無顏色。
- 父母或治療者要做的是，在提供犯錯機會的同時，好好築起安全圍籬。
- 如果爸媽或治療者失去希望，孩子將無法做到任何事。

結語

進入青春期，開啟新交流

感謝讀者聽我講故事到現在。我最想傳達的是，父母應理解孤獨孩子的心情。如果你之前沒有那麼做，那麼請從此刻開始，並創造新的對話機會。

子女進入青春期既代表與爸媽離別，也意味著開啟新的交流。

隨著他們的身體長大，心靈也逐漸成長，我們也將能看到懷抱夢想、一步步邁向世界，並逐漸獨立的孩子。

青春期的子女站在新的起跑線上，所有的開始都不容易，因此應該給予辛苦的他們理解和鼓勵。每當小孩表現出要嘗試的態度時，請家長們給予信任，並從容注視他們一步步前進的樣子。

請具體回應對大人世界感到好奇的子女，不要只是無條件禁止。請認同他們生活在比我們年輕時更艱難的時代，因此會經歷許多更辛苦的事。

請不要為孩子貼上中二病的標籤。青春期這座橋十分危險，小孩也比想像中還要孤獨，因為這是他們第一次為了獨自在世界上生活而戰鬥，而且在此過程中會遭遇到許多困難。

對於沒能讓子女更加幸福的度過青春期，我們多少都會感到抱歉和羞愧，這很正常。然而，光靠父母二人的力量是養不好孩子的，我鼓勵各位尋求親友和社區的協助，並幫助小孩發現良師益友。雖然家長在陪伴子女度過青春期的過程中會有擔心、不適和煩惱，但大部分的人都會成長得很好。

從某種角度來看，比起孩子本身，不安的父母才是更大的問題。他們只希望爸媽像馬拉松教練一樣，在奔跑時配合其節奏給予支持即可。

請父母們協助子女使青春期變成美好的回憶。

本書不是以行為矯正作為處方箋的書，這類書籍在市面上已有很多，大家可以從那些書本中得到許多行為方面的幫助。在這本書中，我的目標是分享孩子們的心情，使大人可以理解他們，並擁有鼓勵彼此的溫暖力量。本書的開頭雖是冰冷的離別，但結尾卻是溫暖的新交流。

現在，請大家靜靜的泡杯茶，走到窗邊，等待子女回來吧！請想像自己了解並支持堅強生活的青少年，並向孤獨的他們傳達你溫暖心意的樣子。等到他們回來後，請一邊說：「累了吧？」一邊給予照顧，這樣就夠了。

附錄
有效的青春期親子對話法

和青少年對話本就不簡單。以前的時代很難，現代則更困難。請父母不要太排斥這一切，要與子女一起生活就必須有基本的交流。如果你和孩子到目前為止，還沒有發生什麼對話問題，你也可以先行思考這些可能在青春期出現的溝通困難。

不要當導演，請做加油團

人的一生中，最討厭爸媽的時期，通常就是青春期。由於這是需要離開父母的階段，所以更容易有這樣的想法。孩童從被稱為「前青春期」的國小高年級起，心靈上逐漸開始脫離雙親（閱讀各種冒險小說、看離家出走的作品等），到了身體出現各種變化的青少年時期，身心都會一併遠離。

這個階段，不是只有特定家長很累，而是全世界所有的父母都很累。這並非某個媽媽或爸爸一個人的問題，需要全家人一起，因此，家庭會議成為重要的對話窗口。

讓父母受苦的青春期不會永遠持續下去，但重要的是要明白，此時期的關係窗口必須持續很長一段時間，這樣一來，才能和青少年們好好相處。

大人們也應該理解，若想幫小孩長大，就必須逐漸放手。對於尋找自己生活的青春期子女而言，爸媽要成為能配合其需求、提供協助的教練，以及一直予以支持的加油團長，而非主導一切的導演。

子女的負擔越小，父母的修行就越輕鬆。

爸媽可以給子女的五件禮物是——**善待**、**尊重**、**鼓勵**、**熱情及樂觀**。

請成為善於溝通而非訓斥的父母

溝通比控制更有效。青春期子女大都不受控，這很正常，因為他們把自我認同感作為自己的發展目標。請家長們不要試圖控制一切，否則將會破壞親子關係。

父母應該做的是，與孩子溝通真正重要的事，並掌握好對話方向和速度。平等交流、相互讓步，做好「說不贏」的準備……既要給青少年留點面子，也要得到爸媽實際想要的東西。

請大人們將訓斥留在國小階段，改用溝通模式和青春期孩子相處！

1. 了解煩惱

青春期孩子有很多煩惱，由於需要適應身心的變化，所以了解他們的憂愁是父母開啟良好溝通的第一個溝通策略。

「我的爸媽非常懂我的苦悶，總是能理解我。」這是親子間的最高讚譽，請家長們積極利用前面提到的「沒關係」對話法。

2. 默默給予幫助

如果你已了解了青少年的煩惱，請不要太過嘮叨，只要默默給予協助即可。在鼓勵、支持的同時，請具體告訴他們實質的解決方案、祕訣、要領等。

3. 學會換句話說

如果子女不順爸媽的意，訓斥並沒有太大的幫助。無用的嘮叨，只會使彼此的心情變不好，蔑視、嘲弄、嘮叨孩子做不好的事，也只會讓親子關係更加惡化。

父母再怎麼生氣，也不能說出會破壞關係的話。比起說「滾出去」，說「回你房間去」更適合，比起「你真不像話」，而是說「下次再談」會更好。

4. 運用動機對話法

- 「你不想做嗎？」→「你覺得哪部分很難？」
- 「你覺得很無聊嗎？」→「哪部分讓你沒興趣？」
- 「你已經膩了嗎？」→「重複這樣做很無聊嗎？」

- 「你為什麼沒做？」→「是什麼妨礙你做這個？」
- 「你連那個都做不到嗎？」→「那個有點難對嗎？你覺得哪部分很難？」
- 「你不動腦嗎？」→「換個方式思考如何？」
- 「你為什麼不努力？」→「我該怎麼做你才能更努力？」
- 「你為什麼不遵守約定？」→「原來這個約定很難遵守啊！」
- 「你做錯了！」→「你這麼做我很擔心。」

與其責怪「孩子為什麼不夠積極」，不如探討「該如何使孩子變得積極」。家長要思考的不是如何改造子女，而是詢問他們如果想要改變，需要提供什麼幫助，這樣更能促進變化。

5. 適當的給予獎勵和感謝

父母應鼓勵孩童所做的努力、成就，以及提高自信，並在其感激我們給予的愛、支持和協助時，也向孩子表示感謝。

大人若能讀懂小孩的願望，「先發制人」送禮物，將能感動到他們。但也請家長們注意，物質獎勵並不是萬靈藥，也無法永遠激勵孩子。

善用CEO對話法

CEO對話法（Competent & Effective Organization of Adolescent Conversation）指的是有效的青春期親子對話方法。

1. 匯集洪荒之力來傾聽（全面傾聽對話法）

如果孩子說：「我爸媽會好好聽我說話。」那就是親子相處良好的代表性證據。仔細聽完小孩說的事非常重要，許多親子衝突通常都是從父母不聽子女說話開始的。因為不傾聽，便無法了解孩子。

如果雙親常常打斷子女說話，邊批評邊自顧自說起自己的事，那就是老頑固。

2. 厭惡情緒壓抑法（轉換厭惡情緒的對話法）

如果想了解並幫助子女，那麼即使他們說了氣話，爸媽也不能用負面的話語回應。因此，當孩子進入青春期後，父母需要一個「馬達」來將厭惡轉化為愛。就算小孩說：「媽媽，我討厭妳！」妳也要說：「我不討厭你。」如果妳說：「我也討厭你！」那麼對話便會就此斷線。

能承受小孩言語攻擊的家長，是勇敢、有愛且能有效幫助孩子改變的成熟大人；若是不知所措、無法忍受，甚至像幼稚鬼般回應，那便是不成熟的舉動。

3. 先同理後調查對話法（先同理法）

在聽完子女說的話之後，應該用「原來如此，但是……」來予以回應，如果是以「但是……」開頭，雙方將會變得難以溝通。首先，要同理青少年的情緒，再進行對話。質疑、追究、評斷等的效果都不大，還會事倍功半。

「你看起來很累啊……原來如此」、「你很生氣啊……是這樣啊，那真的很令人生氣！」大人應該先做出積極的同理反應，再繼續提問、對話。

4. Yes 對話法

如果孩子有任何要求，請先回答 Yes，再請對方好好思考一下情況、時間和動機。例如，若小孩說：「幫我換手機！」那麼，家長們可以回答：「當然，但不是現在，我很快就會告訴你何時可以買。」

如果孩子請求換手機時，父母答覆說：「現在這支才剛買沒多久，你也用得好好的，又還沒壞掉……。」則不是好的回應。因為這個回答會讓他們覺得爸媽忽視自己的欲望和要求，甚至認為爸媽不愛自己。

此對話法的重點在於，向子女傳達父母會願意傾聽他們的要求。

5. 站在子女這邊的對話法

如果子女談論辛苦和委屈，父母應該先予以「偏袒」。必須認同孩子會有這些情緒是再正常不過的事，而非先檢討行為的對錯。先同理後，再慢慢提點，並嘗試讓他們自己分析。如果連爸媽都不站在自家小孩這邊，試想他們會有多孤獨，多無所依靠啊！因此，請先站在孩子這邊，再詢問是否需要大人的建議，並給予溫暖的協助！

6.「想想看吧」對話法

如果親子間發生嚴重衝突，請在快吵起來前告訴子女：「我們再一起想想。」、「我們再找時間聊聊。」當然，雙方一定要約好再討論的時間，並且在這之前整理好自己的想法再談。

父母應該成為慎重、深思熟慮過後再行動的典範，有時也可以透過家庭會議一起好好做決定。

7. 辛苦安慰法

同理孩子的「辛苦」，以「原來如此」認可並接受孩子，用「沒關係」安定孩子的心，這是與青少年對話的最佳祕訣。

青少年想聽的話

「做得好，辛苦了！」了解孩子的辛苦。

「你已經做得很好了，快休息吧！」告訴子女要適時休息。
「原來你有感興趣的東西，很厲害啊！」認可並關心小孩的興趣。
「不用做得太好，只要盡力就好！」減輕孩子負擔。
「請讓我們聽聽你想說的話！」表現出傾聽的態度。
「不要太心急，慢慢來就可以了！」讓子女放心。
「每個人都有優缺點，請好好培養優點，彌補缺點。」鼓勵孩子。
「我會給你反省錯誤的時間，請好好想想，到時再說出來。」比起馬上訓斥，請給予思考的機會和時間。

難以建立親子關係的錯誤對話法

- 「做了沒」對話法：親子間的對話大都是反覆確認和檢討，這會使青春期孩子感到憤怒並逃避溝通。
- 無視型對話法：「你說的都不重要！」如果家長忽略子女的意見和主張，就無法順利與其交流。再者，若認為他們提出的意見是廢話，只會使孩子感覺自己不受重視。

• 要求正確型對話法：「媽媽我說的才對！這種話不是誰都會跟你說，因為我是你媽才會告訴你！」如果父母總認為自己很偉大、永遠都是對的，那麼，小孩自然不會喜歡對話。

• 追根究柢型對話法：追究犯錯的原因，其實對孩子的幫助並不大。當父母講到「能說出你缺點的人只有我們」時，子女多半會回答：「所以我才最討厭爸媽！」說出小孩的缺點時，必須謹慎小心，重要的是，不要讓最親密的人覺得被背叛。另外，千萬不能把孩子的缺點告訴別人。

• 三句不離學習對話法：「看完電影，現在該讀書了。出去吃完飯回來要複習，買衣服給你後也要用功……。」不論做什麼事，大人都要求做完後就要學習，這會使親子間相互討厭，從而導致不喜歡和父母一起活動。

• 過來人訓誡型對話法：「雖然說世代不同，但你也得做啊！」沒有人會喜歡這種形式的對話。「我們那個時代啊！」無視現實、只用過去當標準的炫耀或訓誡式話語，很難開啟雙向溝通。

- 每件事都扯到錢對話法：「你知道給你補習花了多少錢嗎？你知道你的衣服和包包多少錢嗎？」當爸媽用錢來衡量每件事，青少年會覺得很辛苦，並產生被當作搖錢樹的想法，親子關係也會受到很大的傷害。
- 怪罪孩子對話法：「這難道是媽媽我的錯嗎？明明都是你的錯！」、「我不是叫你早點準備嗎？」這些話對小孩而言無疑是火上澆油。如果父母一不順利，就刻薄的怪罪子女，不僅傷了他們的心，還會破壞親子之間的情誼。
- 反覆訓誡型對話法：「我說過幾次了，已經超過一百次了！」這種話將會阻礙進一步對話的可能性。質疑孩子為何會多次違規並不是最有效的方法，幫助他們找有效、對的途徑更為重要。
- 負面對話綜合型對話法：若家長使用以上負面對話型態與子女對話，將會使他們拒絕交流，因為每次溝通都會覺得不舒服，最終演變成不互動的親子。

國家圖書館出版品預行編目（CIP）資料

為父母翻譯青春期子女的心情：當孩子嗆：別管我、你好吵、很煩耶！他內心到底想跟你說什麼？／金鉉洙著；陳宜慧譯. -- 初版. -- 臺北市：大是文化有限公司，2024.09
288面；14.8 × 21公分. --（Style；093）
譯自：사춘기 마음을 통역해 드립니다
ISBN 978-626-7448-78-6（平裝）

1. CST：親子關係　2. CST：家庭教育　3. CST：親職教育　4. CST：青春期

528.2　113007609

Style 093

為父母翻譯青春期子女的心情

當孩子嗆：別管我、你好吵、很煩耶！他內心到底想跟你說什麼？

作　　者／金鉉洙
譯　　者／陳宜慧
責任編輯／楊明玉
校對編輯／張庭嘉、林渝晴
副 主 編／蕭麗娟
副總編輯／顏惠君
總 編 輯／吳依瑋
發 行 人／徐仲秋
會計部｜主辦會計／許鳳雪、助理／李秀娟
版權部｜經理／郝麗珍、主任／劉宗德
行銷業務部｜業務經理／留婉茹、行銷經理／徐千晴、
　　　　專員／馬絜盈、助理／連玉、林祐豐
行銷、業務與網路書店總監／林裕安
總 經 理／陳絜吾

出　　版／大是文化有限公司
　　　　臺北市 100 衡陽路 7 號 8 樓
　　　　編輯部電話：（02）23757911
　　　　購書相關資訊請洽：（02）23757911　分機122
　　　　24小時讀者服務傳真：（02）23756999
　　　　讀者服務E-mail：dscsms28@gmail.com
　　　　郵政劃撥帳號：19983366　　戶名：大是文化有限公司

法律顧問／永然聯合法律事務所
香港發行／豐達出版發行有限公司 Rich Publishing & Distribution Ltd
　　　　地址：香港柴灣永泰道 70 號柴灣工業城第 2 期 1805 室
　　　　Unit 1805, Ph.2, Chai Wan Ind City, 70 Wing Tai Rd, Chai Wan, Hong Kong
　　　　電話：21726513　傳真：21724355　E-mail：cary@subseasy.com.hk

封面設計／初雨有限公司　內頁排版／楊思思
印　　刷／鴻霖印刷傳媒股份有限公司
出版日期／2024年9月初版
定　　價／新臺幣420元（缺頁或裝訂錯誤的書，請寄回更換）
I S B N／978-626-7448-78-6（平裝）
電子書ISBN／9786267448762（PDF）
　　　　　9786267448755（EPUB）
